リスク、不確実性、そして想定外

植村修一

日経プレミアシリーズ

はじめに

2011年11月21日、落語家の立川談志さんが亡くなりました。その時報じられた、数あるエピソードの一つです。昔、選挙に出馬した際、「当選したらどうしますか」と報道陣から質問された時の答えは、「ばかやろう。おれは落ちたらどうするか考えてんだ」。師匠から、リスク管理について教えられた気がしました。

東日本大震災が発生した3月11日、かねて「帰宅困難者」という言葉は耳にしていましたが、まさか自分がそうなるとは、正直「想定外」でした。しかし、都心で働く以上、いつそうなってもおかしくはありません。なぜ自分は違うと思っていたのか。根拠のない思い込みほど恐ろしいものはありません。しかし、被災地の悲惨な状況を知るにつけ、自分の災難はたいしたことではないと実感しました。

さらに、夏の電力不足をようやく乗り越えた9月以降も、大型台風上陸による記録的な大雨、タイの大洪水、欧州債務問題、超円高、オリンパスによる巨額損失隠しの発覚など、深刻なニュースが相次ぎました。年が明けてからは、日本海側や北日本での豪雪です。製造業最大と言われるエルピーダメモリの経営破綻や、ＡＩＪ投資顧問による企業年金消失問題もありました。過去数年、首相交代が相次いだ政治も含めて、今が「リスクの時代」と言われる所以です。

リスクという言葉、決して歓迎されるものではないことを十分わかっています。しかし、何年かリスク管理に関することを仕事にしてきた者として、リスクやリスク管理について世の中に何かを伝えたい、そういう思いがつのって執筆したのが本書です。

私は、1年前まで、金融機関の経営やリスク管理について議論し、助言する業務に携わってきました。この間、サブプライム問題やリーマンショックにも遭遇しました。仕事の中でよく感じたのは、「経営者を含め、リスク管理のプロがどうしてリスクについてもっと認識しなかったのか」ということです。

一人の市民としても、「少し考えれば危ないことがわかったはずではないか」と思う事件や事故があとを絶ちません。最近、「想定外」という言葉もよく使われますが、その使い方に違和感を覚えることがあります。本当に「想定外」と呼ぶべきものなのか、と。

過去20年、金融機関の不良債権問題に始まり、企業の不祥事や大規模な事故・障害の発生、食の安全に関わる問題の多発や感染症の流行など、リスクを感じさせる事象が相次ぎ、リスク管理の必要性が叫ばれ続けてきました。海外でも同じです。にもかかわらず、我々の周りのリスクを巡る状況が改善しているようには見えません。なぜ世の中で、同じような失敗が繰り返されるのでしょうか。

たしかに個人や企業を取り巻く環境がより複雑、不確実なものになってきているとは思いますが、私には、基本的な要因として、リスクについて考えることはできれば避けたい、もっと前向きなことを考えたいという、人間としての自然な欲求があり、そのためにリスクに向き合うことを誰もが無意識に避けているところがあるように思えてなりません。

東日本大震災から1年が経ちました。福島第一原子力発電所の事故の影響がいつまで続くかわかりません。そして最近では、首都直下型地震の可能性が取り沙汰されています。毎日が不安だらけで、リスクは十分感じているという方も多いと思います。でも、こうした「滅多に起きないが影響は極めて大きい」災害に敏感になりすぎて、普通に起こり得る危険や失敗に対する「気づき」や「備え」はおろそかなままになっていないでしょうか。

今は「リスクの時代」です。リスクと無縁の生活や経営ができない以上、これと正面から向き合う必要があります。できるだけ多くの人にリスクやリスク管理についてもっと理解し、周囲にいかなるリスクがあるのか、どのように対処すべきなのか、自然と考える習慣を身につけてもらいたいというのが、私の願いです。

本書は、「リスクとともに生きる」ための材料や考え方を提供するものであり、リスクと関係の深い不確実性や「想定外」に関する問題も扱っています。リスク、不確実性、「想定外」のいずれもが、将来という不確定なものに関することを、人間のある種の感情や価値観とともに示す言葉です。材料としては、最近の事件・事故や経済問題から、日常生活で起こり得る例まで幅広く取り上げています。

リスクについては、科学技術や社会心理学など多方面からのアプローチが試みられていますが、本書では、主に経済学（とくに行動経済学）や経営学を下敷きにしています。しかし、できるだけほかの分野の知見も取り入れ、「統合的アプローチによるリスクの入門書」になることを目指しました。

本書を書くに当たっては、「できる限りわかりやすく」を旨としています。用語の解説については、直観的な理解を重視した結果、専門的な立場から見れば言葉足らずのところがあるかもしれません。内容に関心を持たれた方は、それぞれの専門書を読んでより正確な理解に努めていただければと思います。

さらに、歴史上の事件をリスクと絡めて、12のコラムで取り上げました。本文と切り離して単独でも読み物となるよう、本文と重複する形で用語の解説をしています。戦史からの引用が多いのは、戦いというものが、まさにリスクとリスクのぶつかりあいだからです。後講釈的な部分もありますが、史実の解明が目的ではなく、リスクやリスク管理に馴染むための題材を提供することが目的ですので、その点ご容赦ください。

本書の構成ですが、第1章で、日常用語として使われるリスクの意味を確認するとともに、人類の歴史の中で、確率を用いてリスクを表現するようになったことの意義について触れます。第2章では、「うっかり」から「二兎を追う」まで、リスクの源になる事柄を、原因や対策と絡めて取り上げます。第3章では、リスクの回避や分散、危機管理や保険など、リスクをコントロールする行動や手法について、取り上げます。第4章では、「先が読めない」

不確実性の下での意思決定や行動、それを支える手段などについて、ゲームの理論や行動経済学の知見も用いながら解説します。第5章では、日常「想定外」と感じる場合やその背景を探るとともに、金融市場などで見られる異例な事態についての、複雑系科学などによる理解を紹介します。第6章では、情報管理やコンプライアンスなど企業を巡るリスクと、リスク管理に必要なガバナンスのあり方について述べます。第7章では、リスク管理が失敗する理由として、インセンティブ（誘因）に乏しいことがあることを強調するとともに、もっとリスク管理の視点を取り入れた政策や行政が行われることが望ましいことを述べます。終章では、まとめとして、「守るべきものは何か」という視点からリスク管理を考えることや、人間が新たに作り出すものによって、リスクと不確実性と「想定外」の領域の区分がなくなりつつあることを述べます。

「リスク管理に王道はない」。これが私の持論です。いろいろな事件や事故の報道に接するたびに、分野は違っても基本は同じだと感じます。金融リスク管理について言えば、過去20年の間に、リスクを数字で測ってコントロールする計量化の手法が多用されるようになりました。しかし、サブプライム問題やリーマンショック、欧州債務問題など連続した金融危機を経験した今、再び原点に戻ってリスクを考えることが求められています。

また、分野や学問の垣根を設けることなく、もっと横断的に議論を展開していくことが、世の中全体として有効なリスクのコントロールに繋がると考えます。

人間には必ず失敗があり、後悔がつきものです。しかし、大事なこと、大切にしなければならないものについては、「なぜもっと考えなかったのだろうか」と悔しい、場合によっては悲しい思いをすることのないよう、普段からしっかりとリスク管理を心がけたいものです。「想定外でした」との苦しい言い訳をしないためにも。

目次

第3章 リスクをコントロールできるか

第5章　「想定外」は誰のせい？……149

第　1　章

リスクを測れるから
人類なのだ

誰もがやっているリスク管理

「あなたは、日常生活において、どのようなリスクを感じていますか」と質問されたら、皆さんはどう答えますか。以下は、Aさんたち4人の回答です。

Aさん　健康診断を受けたら血圧とコレステロールが正常値よりかなり高かった。心筋梗塞や脳卒中に繋がるのではないかと心配である。

Bさん　通勤時、狭いホームに人が溢れかえっている。最前列に並んだり、ホームの端を歩いたりする際、ヒヤッとする時がある。

Cさん　勤め先の経営が思わしくない。リストラや会社の倒産で、万一失業したらどうしようかと不安になる。

Dさん　最近夫婦の間でけんかが絶えない。仕事を理由に、家庭のことは妻に任せきりだった。このままでは離婚を切り出されるかもしれない。

Aさんが挙げたのは健康に対するリスク、Bさんが挙げたのは安全に対するリスク、Cさんが挙げたのは雇用や収入に対するリスク、Dさんが挙げたのは家庭生活に対するリスクですね。

次に、「そうしたリスクに対し、考えたことや考えていることはありますか」という質問に対する４人の回答です。

Aさん　お酒を飲む回数やタバコの本数を減らした。食事では塩分を控えめにし、休日に近所で早足ウォーキングをすることにした。

Bさん　少し早く起床し、混んでいない時間帯に乗車するようにした。夜遅く帰宅する場合には、周囲の酔客に気をつけている。

Cさん　通信教育を利用して、いくつか資格をとることにした。ローンでマイホームを購入することは、当分あきらめる。

Dさん　仕事を効率的に進め、少しでも早く家に帰るよう努める。今後、妻の誕生日や結婚記念日には、忘れずにプレゼントをする。

日常生活でどのようなリスクを感じますか、と質問されて、リスクとは何ですかと訊き返す人はおそらくいません。それだけカタカナ用語として日本語の中に定着しています。しかし、リスク管理とかリスクマネジメントという用語になった途端、自分には縁がありません、そのような職に就いていませんと言う人が多いのです。でも、2番目の質問への4人の回答はリスク管理そのもの。皆さんは無意識にリスク管理を行っています。

ちなみに、リスクを辞書（国語、英和、英英）でひくと、「危険」とか「損害が発生する可能性」とあります。広く「将来起こるかもしれない良くないこと」と捉えると、私たちが日常リスクという言葉で指すものは大体カバーできますね。

ここで、私からDさんへアドバイスを一つ。記念日を忘れて妻と気まずい雰囲気になる、そんな経験は誰にでもあります。記念日を忘れないよう、手帳やスマートフォンを活用するのは最低限のリスク管理です。加えて、プレゼントはサプライズだと効果が高まると聞きます。イベントのない日にも、花屋の前を通ったらたまたま目に入ったからと言って、花束やフラワーアレンジメントを奥さんに手渡すと喜ばれると思います。

えっ、「気持ち悪いとか怪しいとか言われて、かえって事態を悪化させるリスクはないのか」とのご質問ですか。もちろん、個別のケースでリスクの所在は変わります。よくお考えください。

電車遅延に巻き込まれたEさんの「想定外」とは

もう一つ、日常生活でしばしば出合う次の状況を思い起こしてください。

Eさんは毎朝7時半に家を出ます。普段は9時前に会社に着きますが、この日駅に着くと、先ほど発生した信号トラブルのためしばらく運行を見合わせる、他線への振替輸送を実施しているとのアナウンスが流れていました。いつ頃復旧するか駅員に訊ねても、まったくわからないとの返事。徒歩で他線の駅に向かうと30分余計にかかります。たまたま、この日10時から、自分が中心になって開発中の新商品の社内プレゼンテーションが予定されています。Eさんはどうすべきでしょうか。

Eさんは、時計を見ながらちょっと考えたあと、他線に乗り換えることにしました。普段なら、遅刻しても信号トラブルで電車が止まっていたと理由を言えばよいので、駅で本を読みながら運行再開を待ちます。しかし、この日は、10時からの会議に遅れるとほかの人に迷惑をかけるだけでなく、今後の商品開発のスケジュールにも影響が出かねません。より確かな方法で出社すべきだと思いました。

Eさんが置かれた状況について、「リスク」と、もう一つ「不確実性」というよく似た言葉で表現してみましょう。電車が止まっている、運行再開がいつになるかわからない、この状況を指すものとして、リスクと不確実性のどちらがふさわしいでしょうか。おそらく直ちに感じるのは、情報がないことからくる当惑であり、不確実性の方が近いと思います。不確実な状況の下での意思決定としては、とりあえず様子を見ようとなりがちです。

しかし、この日は大事な会議がありました。遅刻するわけにはいきません。そうなると、リスクを強く意識します。Eさんは面倒でも他線に乗り換えるという意思決定をしました。彼が行ったことはまさにリスク管理です。このように、リスクと言う場合、その裏側で何が大事か、何を失ってはいけないのかという価値判断を伴うとともに、それを失う可能性を意識します。単にわからないという状況とは区別できます。

早足で歩いたEさんは、一番近くの他線の駅に20分で着きました。すると、ただいま人身事故が発生し、しばらく運行を見合わせます、他線への振替輸送を実施します、とのアナウンスが流れていました。Ｅさんはつぶやきました。

「……想定外だ」

リスクを「確率」で捉えられる人類は、飼い犬に勝る

「将来起こるかもしれない良くないこと」を予知する能力は多くの生き物が持っています。かつて私が飼っていた犬は、悪いこと、例えば私の靴を噛んでボロボロにしたりすると、顔を合わせた瞬間、何かまずいことをしたという表情をしました。これは、私に叱られることを予知してのことです。しかし、物事を丹念に観察して、そこから見出される事実や規則性をもとに将来を予測するという点において、人類は格段に優れた能力を発揮しました。

将来予測の可能性という観点から、人類の歴史におけるリスク概念の発展を詳しく書いているのが、ピーター・バーンスタインの著書『リスク――神々への反逆』（青山護訳、日本経済新聞社）です。

彼は、人類の歴史を振り返って、現在と過去との一線を画する画期的なアイデアはリスク

の考え方であるとします。昔は、未来は神の手に委ねられるとされていたが、ルネッサンスの頃から「確率」に関する理論が発達し、人類はこれを応用して将来のことを予測したり、新たな意思決定をしたりすることができるようになった――これが今日的なリスクとリスク管理の考え方であり、その結果、多くの技術革新が生まれたとします。バーンスタインは投資コンサルタントの経歴が長く、投資理論の中核をなす確率理論の重要性に着目したわけですが、彼の言うとおり、今や建築でも医薬でも、あらゆる分野のものが確率を使うことなくして成り立ちません。

バーンスタインは、著書の前半において、今日の統計学や保険の基礎となる重要な概念、すなわち確率、効用、大数の法則、正規分布、平均への回帰などがどのようにして生まれたのか、ということについて、それらを生み出した偉大な学者たちの様々なエピソードとともに紹介しています。後半は、こうして誕生したリスクの考え方が、その後の経済学やファイナンスの理論とどう関わっているのか、どう発展していったのか詳しく述べています。

リスクを数字で測る人、「うさん臭い」と感じる人

バーンスタインの著書の「はじめに」にある興味深い指摘をご紹介します。

「ここで展開される物語は、全編にわたって、次の二つの対立する考え方を持つ人々の緊張関係で特徴づけられている。一方は、最善の意思決定は計量的手法と数字に裏づけられており、過去のパターンに依存していると主張する人々である。他方は、その意思決定を、不確実な将来に関するより主観的な信念の程度に基づいて行う人々である。これは未だかつて決着を見ない論争でもある」

「この問題は、煎じ詰めれば、未来は過去によってどの程度決定されるのかという人々の考え方の違いに帰着する」

リスク管理に関する議論をしていると、この考え方の違いに気がつきます。近年の金融リスクの管理において、過去のデータに基づいてリスクを計量化する手法が広く用いられるようになりましたが、金融機関の方で、これに理解を示す人と「うさん臭さ」を感じる人の「対照」（対立ではなく）があります。

どこまで依存するかは別にして、確率はリスクを考える上で重要な概念の一つですし、私たちが日常生活の中で「確率的な」発想をよくしていることも間違いありません。前に例に挙げたEさん、信号トラブルによる運転見合わせだからほかの路線に切り替えることにしたはずです。ドア故障に比べ復旧時間が長く、そのままだと遅刻する確率が高いからです。確率に関する本は多数出版されています。試しに一冊でもお読みになると、「リスク」への馴染みが格段に深まると思います。

そもそも会社組織は何のために誕生したのか

「あなたは、会社経営において、どのようなリスクを感じていますか」という質問をFさんたち4人の経営者にしました。以下は、その答えです。

Fさん　飲食店をやっている。最近、ある焼肉チェーン店が生肉を使った食中毒事件を起こし、結局破綻した。気をつけてはいるが、自分のところでも事故が起きないか心配だ。

Gさん　情報サービス会社の社長をしている。当社は、ある百貨店の顧客情報処理を請け負っている。情報流出事件が報道されるたびに、他人事とは思えない。
Hさん 建設業だ。県内の同業他社数社が談合で摘発された。建設市場の規模が小さくなり、営業的に談合の誘惑にかられやすい環境にある。
Iさん 自動車部品を作っている。円高や各国の不況で発注元の自動車生産が落ち込み、受注が激減した。いつ回復するかわからない。

Fさんが挙げたのは食品衛生管理面のリスク、Gさんが挙げたのは情報セキュリティに関するリスク、Hさんが挙げたのはコンプライアンスに関するリスク、Iさんが挙げたのは受注環境に関するリスクですね。

企業経営はリスクの固まりです。そもそも会社組織は、16世紀から17世紀にかけ、大航海や貿易に伴うリスクを共同で負担する仕組みとして誕生しました。その後、産業革命を経て市場が急速に拡大し、資本主義が発達しましたが、20世紀に入り、2度にわたる大戦やその間の大恐慌で、世界の多くの企業が存続の岐路に立たされました。

第二次世界大戦後は、経済を安定化させることを目的とする経済政策の考え方が浸透するとともに、企業経営を支える金融システムや各種のインフラが整備されました。この結果、リスクが減り、市場メカニズムの働きと個々の企業努力によって、企業が持続的に成長する環境が整ったように見えました。

もはやリスク管理は裏の業務ではない

しかし、それにもかかわらず、最近企業を巡るリスクは増えこそすれ、一向に減る気配がありません。

この背景の一つには、グローバリゼーションの進展と金融市場の拡大によって、かえって先が読みにくくなったことがあります。リーマンショックもそうでしたが、欧州債務問題は、世界の経済や金融市場の動揺をもたらしています。いったい誰が、ギリシャの財政赤字が自分の会社の経営に影響をもたらすと考えたでしょうか。

二つ目は、技術革新です。例えば、企業にとってのビジネスチャンスを飛躍的に増やしたＩＴは、同時に、システム障害やコンピュータウイルスによる情報漏洩といった新たなリスクをもたらしました。

三つ目は、企業に対する社会的要請の高まりです。製品やサービスの安全性の確保、法令や各種ルールを遵守する姿勢、環境への配慮などが強く求められ、利益をあげることだけを企業活動の指針にすることができなくなりました。

そして最後に、地震、台風、洪水などの自然災害です。自然災害は予測が困難で、しかもこれまでにない規模やパターンで起きる結果、企業活動に思わぬ障害をもたらしています。

今やリスクの管理は、企業経営にとって欠かすことのできない要素となっています。本業を支える裏の業務というより、企業の存続をも左右しかねない存在として、表の業務に数えられてもおかしくありません。そして、企業経営におけるリスクの管理は、個人の場合と異なり、組織的な意思決定、すなわちガバナンスの問題が生じるという特徴があります。この点に関する認識が足りない場合、リスク管理がうまくいかないことがあります。

歴史コラム1 致命的だった信長のリスク管理——本能寺の変

「是非に及ばず」

天正10年（1582年）6月2日早暁、明智光秀が京都の本能寺を襲いました。中にいた織田信長は、攻め込んできたのが桔梗の紋を掲げる兵たちと知らされ、「是非に及ばず」（仕方がない）とつぶやいたとされます。光秀の軍勢に取り囲まれ、もはや逃げ場はないと早々に悟ったことでしょう。

本能寺の変と聞くたびに、歴史好きなら誰しも思うことが二つあります。

一つは、「なぜ信長は、少人数の小姓のみをひきつれて本能寺に泊まるなどという、無謀なことをしたのだろうか」ということ。

もう一つは、「仮に信長が本能寺で討たれなかったら、その後の歴史はどうなっただろうか」ということです。後者は、まさに歴史のロマンであり、前者は、より現実的にリスク管理の問題と言えます。

乱世がまだ収まっていないこの時代、主君が「寝首をかかれる」ことのないようにすることは、大名にとって、最低限のリスク管理だったはずです。そのために普段、主《あるじ》は城郭に住まい、そこから出る時は、「馬廻《うままわり》」と呼ばれる親衛隊が厳重に周囲を固めていました。

実際、本能寺の変の際、京の町の中には、信長の旗本衆が分宿しており、その多くが信長の死後、嫡男の信忠を守って二条城で討ち死にしています。しかし、光秀の襲来時、肝心の信長の周囲には、森蘭丸ら近習《きんじゅ》しかいませんでした。近習は、主に身の回りの世話をする者であり、正式な護衛ではありません。このあまりの警備の薄さが、あれだけの隙は信長自身がわざと作り出したのではないか、との説まで生み出す因となっています。

戦国時代は過酷な時代でした。裏切り、夜討ち、暗殺何でもありの、まさにリスクの時代です。光秀以前にも信長は、足元の畿内で荒木村重や松永久秀などの謀反に遭い、天下統一に向けた動きに水を差されています。また、越前（今の福井県）の朝倉氏攻めのおり、妹お市の夫である、近江（今の滋賀県）の浅井長政に叛かれ、あやうく挟み撃ちにされるところでした。それらの教訓は生かされなかったのでしょうか。

武田氏滅亡による高揚感で失ったもの

本能寺の変について、信長のリスク管理はあまりにも杜撰と言わざるを得ず、その背景としてまず考えられるのは、信長自身のリスクに対する認識、感度が、その時点で著しく低くなっていたことです。

信長は、信玄やその後継である勝頼率いる武田軍に対し、長年にわたって脅威を感じていました。信長の盟友徳川家康が武田氏の西進をかろうじて食い止めていましたが、三方ヶ原の戦いで家康軍が一蹴された時、信長の危機感はピークに達したことでしょう。

信玄の病死で一旦は危機から救われたものの、武田氏は直ちに衰弱したわけではありません。信玄がどうしても落とせなかった高天神城《たかてんじん》（静岡県掛川市）を勝頼は見事攻略しました。長篠の戦いはそうした武田軍有利の状況を変える転機にはなりましたが、戦いそのものは織田・徳川方にとって、防衛戦でした。

武田氏に内部崩壊の動きがあるのを見て、信長が武田領に本格侵攻したのは、長篠の戦いの実に7年後のことでした。腐っても鯛《たい》、頑強に抵抗すると見られた武田勢はあっけなく崩れ去り、信長自身は戦闘を目の当たりにすることはありませんでした。帰り道、富士の高嶺を横に見つつ、家康の接待攻勢を受けながら東海道を西進、安土城に帰り着いたのは、本能寺の変のわずか1カ月半前でした。

秀吉の要請を受けての毛利攻めと言いつつ、安土城から持参した天下の名物茶器を並べ、公家衆や大商人に見せびらかすなど、およそ戦場に赴く途中とは思えない仕振りでした。武田のプレッシャーからの解放感の前では、リスク感覚など吹き飛んでしまったのでしょう。

織田家に欠如した社内リスク管理体制

信長のリスク管理が甘くなった第二の要因は、信長に代わってリスク管理を行うべき人物が周囲にいなかったことです。一昔前なら信長の前で、いろいろ意見を具申し、あるいは忠告を発したであろう重臣たち、柴田勝家、羽柴秀吉、丹羽長秀、滝川一益等々は、前線指揮官として任地か任地に赴く途中でした。ちなみに、その当時、信長の近くに、堀秀政という逸材がいました。のちに秀吉にも大事にされましたが（小田原の陣後病没）、本能寺の変の際には、連絡将校として秀吉の陣にいました。

信長自身を除いて、都でリスク管理を担うべきポジションにあったのは、京都所司代たる村井貞勝でした。彼は、朝廷との交渉役であり、当時、推任問題と言われた信長の今後の役職をどうするか（将軍か関白か太政大臣か）について、朝廷と信長の間で奔走していました。さらに、にわかの信長の上洛と本能寺での公家衆などに対する接待で、治安対策どころではなかったようです。

貞勝自身、京都所司代として長らく戦場から離れ、「戦場《いくさば》のにおい」をかぐ嗅覚が薄れていた可能性があります。言うなれば、当時の信長は、頼りになる部下たちが、会社の発展とともに事業部門長や関連会社社長として転出し、周囲には、秘書室はじめ管理部門の人間しかいなくなった社長のようなものでした。

例外は、明智光秀です。その光秀による謀反と聞いた時出てきた言葉が、「是非もない」でした。その後、信長を討った光秀も、秀吉の中国大返しという「想定外」の事態から、敗者への道を辿ることになります。

秀吉のセキュリティ対策

信長の死を教訓にした秀吉は二つの対策を講じています。一つは、京都滞在時のセキュリティの確保です。聚楽第という贅沢な城郭を建設するとともに、京の町の都市改造に着手し、その一環として、周囲を堀と堤（「お土居」と言われます）で囲みました。

もう一つは、リスク感覚に優れ、自分に忠義をつくす石田三成をいつまでも側で重用したことです。豊臣株式会社の経営管理部長として歯に衣着せない発言をしていたばかりに、三成は多くの武将の恨みを買いました。「律義者」と評判が高かった徳川家康が豊臣家にとって最大のリスクであることをいち早く見抜き、関ヶ原の戦いまで持ち込んだ三成は、それだけでも十分秀吉の期待に応えたと思います。

第　2　章

リスクの源はどこにある

つい「うっかり」で株式市場が大混乱

リスクの発生や失敗の原因でよくあるのが、単純な不注意、すなわち「うっかり」です。かつてテレビドラマ「水戸黄門」の中で、高橋元太郎さん演じる「うっかり八兵衛」というキャラクターがいました。食に対する関心が高く、番組の中で旅先の名物を案内してくれましたが、不注意からくる失言、失敗も多く、そのたびに「こいつはうっかりだ」と反省をしていました。

最近では、芸能人夫婦を招いたバラエティー番組で、ご主人がうっかり消し忘れたメールを奥さんに見られたために……という話がありました。この手の話になると、女性より男性に「脇の甘さ」が目立ちます。

うっかりミスに気をつけなければいけないのは、昔も今も変わりありませんが、ITの発達によってそのリスクは各段に高まりました。ちょっとした操作ミスで、あっと思った時は取り返しのつかないことになっている。パソコンや携帯電話を使われる方なら必ず経験があるでしょう。ソフトを提供する側もそれはわかっていて、うっかり保存するのを忘れてプログラムを閉じようとした時、このまま消去して構いませんかとのメッセージが出るありがたさには日々感謝しています。

以前、ある証券会社が61万円で1株売るところを1円で61万株売る発注をしてしまい、しばらく市場でその株の売買が困難になるとともに、当の証券会社は買い戻しなどで大きな損失を被るという事故がありました。もっとも、誤入力に気がついて取り消ししようとした際、取引所のシステムがうまく作動しなかったという取引所側の問題も大きいことがわかっています。

うっかりミスが生じた時は、直ちに被害の拡大を防ぐ措置をとることが必要です。冒頭のバラエティー番組の事例では、男性が平謝りするとともに、ある約束をすることで何とか収めたということです。

しかし、別の男性は、同様の局面で、メールの盗み見というプライバシー侵害問題を持ち出すことによる家庭内逆提訴を試みました。その結果、事態は収束するどころか著しい悪化を見たそうです。

特許権侵害などを巡る企業間トラブルで、逆提訴により早期の和解を目指すことが行われますが、当然ながらその効果はケースバイケースです。

不注意ミスを防ぐ二つの方法

被害の拡大防止や修復が行われたあと大事なことは、原因の究明と今後に向けた対策です。企業では、ミスや事故に関する報告書の作成を義務付けているところが多いですが、原因の欄に「誤って」とか「不注意により」と書いてあるだけでは、本来不十分です。そうした報告書で取られる対策としては、「あらためて職場全体に注意喚起を促した」となりがちです。

人間ですから、不注意でミスをするのは当然です。それを前提として、基本的な対策のあり方には二つあります。

一つは、ミスの原因をできるだけ深く探ることで、ミスが発生する確率を低くするというものです。例えば、異なる作業なのに区別のつきにくい用紙を使っているなど、そもそも間違いが生じやすいプロセスになっていないか、また、一部の者に過度に負担がかかる人員や仕事の配分になっていないか、さらに、職場に健康問題が生じていないかなどです。

ミスを犯したのがベテランであれば、なおさらそうした可能性を疑ってみる必要があるでしょう。日常生活でも、最近自分は「うっかり」が多いなと思う時には、疲労や心配ごと、年齢など、その原因を考えてみることが重要な発見に繋がります。

ただし、職場でミスの原因を深く探ることは、プライバシーの侵害など別のリスクを生じさせることにも留意が必要です。一つのリスクへの対策が別のリスクを引き起こす「多重リスク」問題です。

もう一つは、ミスやミスに伴う被害の発生を「多重防護」で防ぐことです。銀行の窓口で、カウンターの人が書類や現金を後ろの人に回すのを見かけます。二人の目で見る再鑑体制です。また、銀行や証券会社の重要なシステムにおいては、誤った操作をしてもロックがかかる「システムガード」が構築されています。

ちなみに、多重防護は、人の生命や安全に関わる場所では極めて重要な概念で、例えば鉄道では、何らかの理由で列車が停止信号に反応しなかったり制限速度を超えたりした場合には、列車のブレーキを作動させる自動列車停止装置（ＡＴＳ）や自動列車制御装置（ＡＴＣ）が設置されています。福島第一原発事故では、まさに多重防護の有効性が問われました。

しかし、こうした防御策にはコストがかかりますので、「必要に応じて」ということになりますが、その判断は時に難しいものとなります。結局、「何を守るべきか」「どうしても守らなければいけないものは何か」という観点から考えていく必要があります。この点、医療現場の人繰りの大変さはかねて聞いていますが、かつて投薬や輸血のミスといった事故があったことを考えると、できるだけ再鑑の体制をとった方がいいのではないでしょうか。

旅客機を山に激突させかけた「多重ミス」

複数の目があっても、ミスは重なる時があります。

2010年10月26日、中部国際空港を離陸して目的地である旭川空港付近上空を「管制官の指示」により降下中だった旅客機が、EGPWS（対地接近警報装置）の警報に従って緊急操作を行ったおかげで、山に激突することなく旭川空港に着陸できたという事態が発生しました。乗客乗員計57名は無事でした。

国土交通省の運輸安全委員会が、2012年1月27日に公表した「航空重大インシデント」の調査報告書は、この機が地表面に接近（最も近づいた時は約200メートル）したのは、①管制官がＭＶＡ（レーダー誘導を行う際に、管制官が航空機に指定できる最低高度）を確認することを失念し、ＭＶＡより下の高度に降下させたこと、②旅客機の運航乗務員（機長と副操縦士）が山岳地帯に誘導されているとの認識がありながら、管制官の降下指示に対して明確な確認を行わなかったことによるものと結論づけています。

さらに、管制官が確認を失念したのは、待機している別の機との間隔設定に意識が向いていたことによるもの、運航乗務員が確認を行わなかったのは、機長が管制官はＭＶＡを使用しているものと思っていたことと、副操縦士が機長への助言を行わなかったことによるものとしています。

報告書には、さらに、別の管制官が、空港との調整に時間をとられ、レーダー誘導のモニターができずＭＶＡの確認について助言ができなかったことや、機長経験３カ月の機長のステータスとしては進入限界に近い気象条件であったこと、副操縦士は、「機長は旭川の地形の状況をわかっていると思っていたので、口を出しすぎないように仕事をしていた」こと、などの記述もあります。

報告書を読んでみて、あらためて、トラブルの原因は一つではなく、様々な要因が複合的に重なり合うものだと感じた次第です。

結局、このインシデントは、ＥＧＰＷＳという多重防護システムの存在で大事故には至りませんでしたが、報告書では、管制官が航空機に対してＭＶＡより低い高度に降下させる指示を出した場合や航空機がＭＶＡより低い高度に降下した場合には、管制官がそのことに容易に気づくことができるような支援システムを導入することを意見としています。

最後に、福島第一原発事故を踏まえ、原発の安全対策がさらに強化されていますが、電気事業連合会のサイトに、多重防護の考え方がわかりやすく解説されていますので、ご紹介します。

「原子力発電所の安全確保の考え方は『多重防護』を基本としています。『多重防護』とは、文字どおり何重にも安全対策がなされていることを意味します」

「原子力発電所ではこの考え方に基づいて、トラブルの未然防止を第一の目標に『人間はミスを犯す』『機械は故障する』ことを前提に、人間の誤操作や機械の誤動作があっても安全が確保されることを目指しています。仮にトラブルが発生しても、トラブルの拡大を抑え、影響を最小限に止めることを目指しています」

豪華客船はなぜ座礁したのか――慣れの怖さ

「習うより慣れよ」とは、何かを始める時によく耳にするアドバイスです。慣れることによってコミュニケーションがうまくいったり、作業の習熟度が上がったりします。しかし、ことリスクに関しては、慣れがリスク感覚を鈍らせることに繋がり、リスクの発生や失敗の原因にもなり得ます。「うっかり」が、その都度生じるものであるのに対し、「慣れ」は恒常的なものなので、それだけ意識して気をつける必要があります。

２０１１年12月31日、オウム真理教の元幹部で指名手配されていた平田信容疑者が警視庁丸の内警察署に出頭し、本人と確認されたあと逮捕されました。その前にも警察に接触し、平田本人であることを告げていたことから、途中で気が変わり逮捕できなかった可能性もあるとして、警察の対応を問題視する声があがりました。

警察に限らず、外部と接触する者の耳にはいろいろなノイズが入ってきます。第一次接触者にはある程度ノイズを除去するフィルターの役割が期待されていますが、特別にフィルタリングする時に働く緊張感、リスク感覚が、日常業務としてやる場合には、「慣れ」の結果鈍る可能性があります。リスク管理の観点からは、ノイズであることが明白でなければ常に確認作業を行うという保守的な対応が望まれます。

また、2012年1月11日、広島刑務所で服役中の受刑者が脱走し、2日後に身柄を確保される事件が起こりました。そもそも工事中で塀を乗り越えやすい状況にあって、カメラによる監視が不十分であったり、施設内にいるはずとの前提で警察への通報が遅れたり、といった不手際が報道されています。普段脱走事件など起きない中で、「慣れ」による注意不足があったものと思われます。

2012年1月13日の夜、イタリアのクルーズ会社所有の豪華客船コスタ・コンコルディア号（総トン数11万4147トン）がトスカーナ州ジリオ島そばの浅瀬で座礁し、浸水転覆するという事故がありました。多数の死傷者行方不明者が出ました。事故原因は公式には明らかになっていませんが、少なくとも何らかの人為的な理由で所定の航路をはずれたことは間違いなく、事故後の対応とともに、乗客、マスコミに加え地元の当局からも非難されることになりました。

この事故は、タイタニック号遭難事件が起きた1912年からちょうど100年後に起きました。その間、戦時以外での大型客船の大事故は多くありませんでした。北大西洋上だったタイタニック号と違って、ここは地中海、しかも船長や多くの船員にとっての故国イタリアの海です。

会社の発表（1月15日）によると、船長は2002年にセイフティオフィサーとして入社し、スタッフキャプテンを経て、2006年に船長に昇格していますので、表面上のキャリアとして問題はありません。また、同じ発表によると、同社では、すべての乗務員がBST(Best Safety Training）の資格を保持しており、緊急事態における客の誘導方法の訓練を何度も行っています。すべての乗務員にルール・責任・義務が課されており、2週間ごとに避難訓練を実施しているとのことです。

この発表内容と、事故後の乗客の証言から窺える実態とは距離があり、航海そのものから避難訓練に至るまで、すべてがルーティーン化し、一種の「慣れ」が生じていたのかもしれません。

一般論として、慣れること自体はポジティブな側面を多く持っています。しかし、慣れがもたらすリスクもあり、万一その人が辞めたり事故に遭ったりしたらという欠員リスクへの対応の意味でも、ジョブ・ローテーションや異動を通じた人材の育成を図る必要があります。

「オオカミ少年」が世界金融危機を予言した

オオカミ少年と言っても、小説「ジャングルブック」や懐かしのアニメ「狼少年ケン」に出てくる少年ではありません。イソップ寓話の一つで、日頃「狼が来た」と言っては大人たちがあわてて武器を持ってくるのを見て喜んでいた羊飼いの少年が、本当に狼が来た時に叫んでも誰も助けに来てくれず、羊を（本によっては少年自身が）食べられてしまったという話から、よく嘘をつく人のことを指してオオカミ少年と言います。

この話の要点は、嘘をつくことを繰り返すと人の信頼を失うぞという戒めにありますが、別の問題、すなわち嘘を繰り返しつかれたことによって、大人たちの狼襲来に対するリスク感覚が鈍ってしまったという問題もあります。

実は、リスク管理に携わる人間の悩みがここにあります。リスクに対する警鐘を鳴らしたものの結果的にそうした事態が発生しなかった場合、信頼を失うことに繋がりかねない、そのため、どのような時に警鐘を鳴らすべきか判断に迷うというものです。

次の記事（2009年7月24日、読売新聞）は、中国・九州北部豪雨と呼ばれる記録的な大雨で、山口県防府市の特別養護老人ホームを土石流が襲い、多数の死者が出た時のものです。県の土砂災害警戒情報が出されたあと、危険地域の住民への市の避難勧告が出される前にこの事故が起きました。

「これまでに土砂災害警戒情報が出ても、土砂崩れは起きなかった。安易な勧告はかえって危険を招くこともあると考え、現場を見るまでは出せないとの認識でいたが、甘かった」（ある担当者）

避難勧告の出し方には自治体によってスタンスの差があったようで、別の市では、空振りに終わってもいいから住民の危機意識を高めるために早めに出す、というところもあったようです。

リスクについて警鐘を鳴らす立場の者は、常にオオカミ少年と言われるリスクを抱えており、それに対して毅然としていることには勇気が要ります。

サブプライム問題以降、アメリカの経済危機が深刻化する中で、ニューヨーク大学のヌリエル・ルービニ教授が一躍時の人になりました。教授は、2000年代半ば、経済の先行きや市場メカニズムの効用に対し楽観論が支配的だったアメリカにおいて、いち早く警告を発していました。

それは、単純に言えば、アメリカ全体が借金に借金を重ねる、こんな状況がいつまでも続くはずがないというものでした。世界経済が極めて順調だった2006年秋のIMF（国際通貨基金）総会で、「アメリカ経済が近い将来、住宅バブルの破裂を契機に極めて深刻な不況に陥る」と予言しました。2008年になると、たしかに問題は発生したが何とかなると思っていた人たちが多い中で、「深刻な金融危機が発生し、ウォール街は1930年代以来の打撃を被る」と予想し、そのとおりになりました。

今でこそルービニ教授は、洞察力がある優れた学者と評価されていますが、一頃は、万年悲観屋と悪口を言われ、孤立無援の存在でした。

結果的にリスクが現実のものとならない場合、それは幸運なことです。警鐘を鳴らす者へ寛容であると同時に、幸運はいつまでも続くものではないという謙虚な気持ちを持つことが必要です。

「今回は違う」の思い込みで繰り返される悲劇

危機や失敗を私たちは、その後しばらく記憶に止め教訓としますが、月日が経つにつれ徐々に忘れ去り、いつかまた同じことが起きてしまう。日常生活でもよくあることです。先に述べたバラエティー番組での芸能人夫婦の話ですが、奥様によるメールの盗み見によって生じたトラブル、過去にもあったそうで、時間の経過とともにご主人の消去動作の重要性に対する認識が薄れたために起きたケースです。江戸時代の「いろはがるた」の一つである「喉元過ぎれば熱さを忘れる」のたとえどおりです。

記憶の風化を戒める言葉としては、科学者であり作家の寺田寅彦の有名な言葉「天災は忘れた頃にやってくる」もあります。地震や津波などの大きな自然災害ですら記憶が風化する主な理由は、世代の交代です。記憶や教訓を長く繋いでいくのは至難の業で、繰り返し金融バブルが発生し破裂するのも、記憶の風化が背景にあります。

アメリカの経済学者のチャールズ・キンドルバーガーは、その著書『熱狂、恐慌、崩壊――金融恐慌の歴史』（吉野俊彦・八木甫訳、日本経済新聞社）の中で、「簡潔に熱狂と呼ばれる過剰投機とそのような行き過ぎの反動としての危機、崩壊、あるいは恐慌などの激しい変動は、必ず起こるというわけではないが、少なくとも歴史的には普通にみられる現象である」と述べ、金融危機を「何度も蘇る多年草」と呼んでいます。

また、ハーバード大学教授のケネス・S・ロゴフ氏とメリーランド大学教授のカーメン・M・ラインハート女史は、最近の著書『国家は破綻する――金融危機の800年』（村井章子訳、日経BP社）の中で、金融危機の長期データベースを公開し、過去の多数の金融危機は驚くほど似かよっており、そのたびに「今回は違う」という言葉が繰り返されたと述べています。

東日本大震災に関する数多くの報道の中でとくに興味を引かれたものの一つに、岩手県宮古市姉吉地区の石碑があります。昭和8年（1933年）の津波のあとに作られたもので、「大津波の惨禍のことを想って、ここから下には家を建てるな」という内容が書いてあります。そして、この地区の人たちはこの教えを守ったために被災を免れることができました。

見たくないものこそ見る——失敗学のすすめ

個人で失敗の記憶を残す手段としては、古くから日記が使われます。日記をつけるのが面倒な場合には、手帳にちょっとしたメモを残し、たまにそれらを見るだけでも違います。

一方、会社では、正式な記録が作成されるケースが多いと思いますが、記録を残すこと自体が目的化し、あらためて目を通すことは意外になされていません。内部監査部署は、事前準備の過程で調べますが、遡る年数には限りがありますし（よくあるのは前回監査以降の記録）、部署をまたがって組織横断的に調査する機会は少ないのが現実です。失敗やトラブル、事件事故などに関する記録に普段から目を通す習慣や機会作りが大事です。

個人や一つの組織の中での事例、教訓には限りがありますし、そもそもこれまで起きたことのない、もしくは記録として残っていないリスクに遭遇することもあります。日々のニュースを漫然と聞いているのではなく、他人や他社を自分や自社に置き換えて少し考えてみるだけで、大きな糧になります。

東京大学名誉教授の畑村洋太郎博士が提唱した「失敗学」という分野があります。ご本人によれば、「起きてしまった失敗をポジティブに生かすための学問」です。博士によると、人間の心理として、「見たくないものは見えない」ことにしてしまう傾向があり、過去の失敗や事故の体験が後世に伝わりにくい、ということです。以前、博士が統括し科学技術振興機構が公開していた「失敗知識データベース」は、現在、畑村創造工学研究所のウェブサイトで公開されています。これには、科学や工学上の様々な失敗事例が掲載されており、大変参考になります。

さらに、失敗学に続いて、原因究明で終わることなく、事故の防止を最終目標として、社会・組織・人間の考え方や行動様式の解明にまで踏み込んだ調査研究を行う「危険学」プロジェクトが、同研究所の後援で発足しています。

儒家経典の一つ「詩経」から出た「他山の石」という言葉があります。よその山から出た粗悪な石でも、宝玉を磨くのに使えるというところから、ほかの事柄を参考にして自分に役立てることです。同じく「詩経」から出た「殷鑑遠からず」という言葉もあります。殷の王者にとっての鑑（手本）は、遠い昔ではなく、直前の夏王朝にあったということから（いずれも最後の王の暴政で倒れた）、他人の失敗を見て自分の戒めとする意味です。

よいことが続くと、なぜアクシデントが起きやすいのか

「好事魔多し」とは、よいことが続く時にはとかくアクシデントが起きやすい、だから気をつけるようにという格言です。でもなぜ、「とかく」起きやすいのでしょうか。

一つは、気がゆるんで脇が甘くなるということです。容易にわかります。

二つ目は、「いつまでも同じことが続くはずがない」という、これまた単純な論理です。

19世紀にイギリス人のフランシス・ゴールトンが提唱した「平均への回帰」という法則があります。彼は、サヤエンドウを大きさ別にグループ分けして、その子孫たちの大きさを測るという実験を行い、子孫の大きさのばらつきは親よりも小さくなることを見つけました。

もし大きなエンドウ豆から大きなものが生まれ、小さなエンドウ豆から小さなものが生まれたら、世の中の豆は極大豆と極小豆の両極端になってしまう。実際には、そうならない法則が存在するとしました。

これは、「盛者必衰の理《ことわり》」という平家物語の一節とも、王朝はいつまでも続かないという歴史的事実とも合致します。

行動経済学の基礎を作り2002年にノーベル経済学賞を受賞したダニエル・カーネマンは、1960年代半ばへブライ大学の心理学教授でした。ある時頼まれて、イスラエル空軍のパイロット教官に対し、どうすれば訓練生の技量がアップするかを講義することになりました。彼は動物実験の成果をもとに、失敗に対しては罰するより褒めろと言いました。書店に行けばそういうタイトルの本に必ず出合います。

ところが教官の一人が、自分の経験に照らせば、褒めた訓練生は次の日失敗をし、叱った訓練生は次の日よくなる。だから褒めるより叱った方がよいと反論し、ほかの教官も賛同しました。

カーネマンが出した答えは、もともと一定の水準にある訓練生たちの技量が片やより高く、片やより低くと、両極端に分かれていくわけではない。今日よかった者は明日は悪く、今日悪かった者は明日はよい可能性が高い。結局、教官たちの主張は、「たまたま」が生んだ思い込みに過ぎないというものでした。ちなみに、このように偶然二つの事象の間に関係があるように見えることを「見せかけの相関」と言います。

良いことが続いた場合、脇を締めなおすとともに、それが偶然なのか努力の結果なのか、よく考えることが必要です。偶然である場合、魔が入り込んでくるリスクが高いと言えます。

「他人任せ」でバスに乗りそびれた人々

あの人がやってくれるはずだから、と思って油断していたら大変な目にあったという経験、誰にでもありますね。

以前ロンドンに住んでいた時、家内から聞いた話です。自宅近所のバス停には2系統のバスが止まり、そのうち1系統は、手を上げると停車するシステムになっていました。もう1系統のバスが去ったばかりなので、その時バス停にいた数名は、彼女を含めて手を上げると停まるバスを利用するつもりでいました。

彼らは全員近所の住人で、そのシステムのことは知っていました。バス（例の赤い2階建てバス）がやってきて、皆バスを見つめていたところ、なんとそのまま停車せずに行ってしまいました。その路線は1時間に1本の運行で、全員の口から驚きとも嘆きともつかない声（というふうに彼女には聞こえました）が漏れました。

そのケースでは、誰かが手を上げるだろうと皆が思っていました。他者に依存する結果、リスクが発生するのは組織の場合でも同じです。

２０１２年2月2日、東京証券取引所の株式売買システムに障害が発生し、午前中２４１銘柄の売買が停止されました。その日の午前1時27分に情報配信システムで異常が発生しましたが、調査の結果、当日の業務には支障がないと判断、一旦対応を終えました。その後、午前7時の配信開始処理で異常メッセージが出たことから再び調査を開始し、障害を確認してあらためて復旧作業を行ったという事故でした。

2月16日に取引所が発表した「株式売買システムの障害発生に関する再発防止措置等について」では、障害の原因は、「システムの信頼性を過信していた」ため、「当取引所職員が主体的にシステムの状態を確認せず、問題なしと判断した」ことにあるとしています。

また、深夜・早朝時間帯の監視体制や障害発生時の経営陣への報告体制にも問題があったと書かれています。この点に関する再発防止策としては、今後は、深夜・早朝時間帯に、運用ベンダーだけでなく取引所職員もコンピューターセンターに常駐すること、障害時に、「業務に影響があると確定した」場合に経営陣まで報告するルールであったのを、「業務に影響する可能性がある」場合に報告するルールに変えるとあります。

これまで取引所では、過去における大規模障害の経験をもとに、新型システムを稼働させるとともに、複数の予備を用意するなど多重防護の体制も整えていました。しかし、今回の事故は、まだ「システム任せ」「ベンダー任せ」「現場任せ」の部分が残っていたことを示しています。

こうした中、投資顧問会社が運用していた企業年金資産の大部分が失われるという事態が起きました。ＡＩＪ投資顧問問題です。もちろん、当の投資顧問会社の責任がまず問われなければなりませんが、運用を委託する側としても、なぜ現在のような市場環境の中で高利回りが確保できているのか、ということについて、もっと関心を持ち、自ら調査する姿勢が欲しかったと思います。

システムや資産運用に限らず、いろいろなことが複雑かつ多様化・専門化している今日、外部のサービスや体制に頼る面が多くなっていますが、大事なこと、重要なことに関しては、主体的に考えたり関与したりすることが、リスク管理の観点から求められます。

救急車に「ただ乗り」する人が増えると何が起きるのか

経済学でフリーライダー（ただ乗りする人）とは、活動に必要な費用を負担せず、そのメリットだけを享受する人のことです。いつも友人の車でゴルフに行き、ゴルフのあと、友人がウーロン茶を飲んでいるかたわらでビールを飲み、さらに帰りの車中で眠り、それでもいっさい金銭的な謝礼をしない人は、文字通りフリーライダーと言ってよいでしょう。

フリーライダーの問題は、その数が多くなると、活動やそれを支えるシステム自体の存続が困難になることです。よく挙げられる例として、自動車保険があります。

仮に保険料率が画一であるとすると、保険があるからといって不注意な運転をする人が増え（モラルハザード）、保険料率が上昇、結果として保険を脱退する人が増え、ますます保険料率が上がるという悪循環となります。迷惑するのは、注意深く運転する人たちです。さらに脱退する人が増えると、保険制度そのものを維持することができなくなります。

実際には、こうしたことが起きないよう、事故その他で保険を利用すると保険料率が上がりますし、車に乗る頻度や運転歴、事故歴などに基づいて、保険料率を変える仕組みを導入する保険会社も増えています。

最近、救急車の過剰利用が、社会的な問題となっています。いわゆる「タクシー代わり」に安易な呼び出しが行われ、その結果、本来救急車が搬送すべき緊急性の高い、あるいは重症の患者の搬送に支障を来すのではないか、という懸念です。

この件に関し、東京消防庁消防総監の諮問機関である「東京消防庁救急業務懇話会」の答申（２０１１年６月８日）では、緊急性のない１１９番通報を救急相談センターに転送することや、同センターと東京民間救急コールセンターとの連携、救急車の適正利用のための広報活動の推進などを求めました。

ちなみに、同答申の資料によると、２０１０年８月16日から22日までの１週間の１１９番受付件数１万１０１１件のうち、指令室員により緊急性が低いと感じられた事案が３００件（２・７％）あったという調査結果が出ています。３％以下と言っても、１週間で３００件ですから、年率に換算すると１万５０００件以上になります。おそらく回答者には、緊急性が高かったと回答する、職務上の責任感からくる心理的バイアスがあったと考えられ、実態はもっと深刻である可能性があります。

この問題については、ある自治体の首長が、救急車の有料化を提案しています。この考え方に対しては、緊急性が高い場合の利用をも制限することになりかねない（とくに低所得者の場合）として、強い反対があります。救急車の増車は税負担の増加に繋がりますし、第一、受け入れ側の救急医療体制が需要に追いつかないという深刻な問題もあります。

フリーライダーの存在は制度にとってのリスクであり、それは、いつ何時自分がその制度を利用する立場になるかもしれないという意味で、個人のリスクでもあるということに気がつく必要があります。

「ここだけの話」に見るリスクとリターンの関係

時にリスクの源は、自ら進んでリスクをとる行為にあります。

「虎穴に入らずんば虎子を得ず」というのは後漢書にある話です。班超（世界史の教科書では、騎馬民族の匈奴を追って西域に後漢の勢力を広げた将軍とあります）が西方の鄯《ぜん》善という国を訪ねた時、匈奴の使いもやって来ました。彼らが自分たちを狙っていることを聞いた班超は、部下に対し、虎の住む穴に入らなければ虎の子を生け捕りにすることはできない、ここは危険を冒して彼らの不意を突こうと語り、見事敵を撃ち払い、使者としての役目も果たしたという物語です。

この故事は、時にリスクをとることの必要性を語っており、スピーチや本の中でよく引用されます。サッカーのイビチャ・オシム元日本代表監督は、著書『考えよ！――なぜ日本人はリスクを冒さないのか？』（角川ｏｎｅテーマ21）の中で、「リスクを負わぬ者に勝利なし」と、似た表現でリスクをとることを説いています。

将棋棋士の羽生善治氏も、著書『大局観――自分と闘って負けない心』（角川ｏｎｅテーマ21）の中で、「リスクを取らないことは最大のリスクである」と述べています。ちなみに、「大局観」の中には、確率や第5章で扱う「ブラック・スワン」の話も取り上げられており、「羽生マジック」の奥深さを感じました。

なお、オシム氏は著書の中で、日本人は真珠湾攻撃というリスクをとって結局戦争に負けたことが、リスクを負うことに対するトラウマになっているのではないかと語っています。

日本は、水と緑がふんだんにある温帯気候の島国です。世界の中では極めて恵まれた居住環境にあり、もともと積極的にリスクをとりにいく傾向が少ない民族です。ただし、19世紀後半から20世紀前半においては例外的に積極的でした。その理由については、歴史コラム12「壮大な先送り──江戸幕府の鎖国政策」を読んでいただければと思います。

いずれにしても、虎の穴に入るというのは相当なリスクです。大事にしているものを「虎の子」と言うように、虎は子供を非常に大事にするそうです。当時の人にとって虎の子がどれだけの価値を持ったのか、私にはよくわかりませんが、相当な価値でないとリスクに見合いません。

したがってこの格言は、単にノーリスク・ノーリターンと言うより、ハイリスク・ハイリターンを指しているようにも受け取れますし、実際、そうしたたとえとして使われることがあります。宝くじを買うべきか迷っている人に対し、虎穴うんぬんと言うのは大仰です。

ある資産運用関係のサイトに、こういう図がありました。縦軸がリターン、横軸がリスクを示す中で、原点近くから右斜め上に線が引かれ、「リスクとリターンは表裏の関係にあります。つまり、リターンが大きい運用商品はリスクも大きくなり、リスクが小さい運用商品はリターンが小さくなります」とありました。

こういう説明をもとによくなされる誤解が、「ならば、ハイリスクの商品を買えばハイリターンが得られるのだな」というものです。一般的に投資の世界でリスクとは、価格や収益率のばらつき（分散とも言います）を指し、だから、リスクが大きいものはリターンが大きくなる可能性があるとします。初めからハイリターンありきではありません。

一方、世の中には「おいしい」話に乗せられて、結局大金を失ったという事例があとを絶ちませんが、その多くは、ハイリスク・ハイリターン狙いというより、ローリスク・ハイリターン狙いです。いわゆる「ここだけ」という話に乗せられるわけですが、本来であれば、裁定行動が働く、すなわち、たちまち資金が集まることにより、「おいしい」話は瞬時になくなっているはずです。

「ここだけ」という話が「ここだけ」である保証もありません。これだけ報道がなされているにもかかわらずいまだに被害者が出るということは、社会全体として学習効果を持つことが想像以上に難しいことを示しています。ちなみに、金融庁や日本証券業協会のウェブサイトには、未公開株などの勧誘などに関する注意を喚起するコーナーがあります。

「リスクをとる」ことについての判断やアドバイスは容易ではなく、班超もリスクをとるにあたってしっかり情勢分析を行っています。「どうしてリスクをとらないのか」と声をかける場合は、その前に、状況を一緒に考えてあげる配慮も必要です。

金融機関について言えば、投資や資産運用の勧めからではなく、リスク管理のアドバイスから入った方が個人のニーズに適っています。できれば保険会社も入れて、リスク・コンシェルジュを目指す。そうなって初めて、金融のコングロマリット（異なるサービスを展開する金融機関が同じグループに属すること）によるシナジー効果が発揮されると考えます。

「二兎を追う者は一兎をも得ず」の現代的意味

昔、肉食系男子が日本に多くいた時代、同時に二人の女性とつきあっている（いわゆる二股をかける）不埒な者が身近にいました。私や周囲の者は、「『二兎を追う者は一兎をも得ず』と言うぞ」と言って、注意を喚起するとともに、心中ではまさにそうした事態になることを願っていました。ちなみにこの戒めは、ローマの古いことわざから来ています。同様な言葉に「虻蜂取らず」というのがあります。

なぜ二兎を追ってはいけないのでしょうか。この例では道徳観念や倫理観、おおげさに言えば人の道が問われますが、通常は、同時に二つの目標を持つことが、時間や資金、人間や設備などの分散による「資源制約」に繋がるからです。また、時に、どちらを優先すべきなのかという「意思決定」の問題を引き起こします。さらに、一つが成り立てばもう片方が成り立たない「利益相反」が生じる場合もあります。

各国の中央銀行（日本では日本銀行）が行う金融政策の目的として、「物価の安定」があるというのはほぼ共通しています。アメリカの中央銀行組織である連邦準備制度（FRS）の場合、法律（連邦準備法）は、最大の雇用、安定した物価などを追求するよう定めています。

FRSは、ウェブサイトでも公開しているFRSの目的と機能に関する出版物の中で、「政策決定者にとって難しいのは、これらの目標が短期的に緊張関係になり得ること、経済に関する情報が遅れて、しかも不完全な形でしか利用できないこと」と述べています。

1970年代、先進各国がインフレと不況の共存（スタグフレーションと呼ばれます）に悩まされていた時、景気回復と物価安定のどちらを優先するかという問題はとても切実でした。結局、各国の経験の中で、物価を安定させることが、景気回復が持続するための前提条件になるとの理解が進みました。

最近は、先進国のインフレ率は総じて抑えられており、1970年代のような意味で極端なジレンマに陥っているわけではありません。しかし、新興国、なかんずく中国では、かつての先進国型のジレンマに悩まされつつありますし、これら新興国経済の台頭や金融市場の拡大などによって、先進国でも、これまで以上にリスクを念頭に置いた政策が求められるようになってきています。

複数の目標を持つことは、そのこと自体がリスクの源になります。会社の経営や日常生活において、時に野心的な試みをしたくなりますが、リスク管理の観点からは、「あれもこれも」と掲げる前に、優先順位をしっかり考え、できる範囲でやることが重要です。

人前でのスピーチも同様です。つい「あれもこれも」しゃべりたくなりますが、無駄に終わるリスクを小さくするために、短くビシッと決めることが肝心です。反省を込めて申し上げます。

歴史コラム２　奇襲はハイリスク・ハイリターン――厳島の戦い

なぜ厳島（宮島）で戦ったのか

大河ドラマの影響で、平清盛ブームとなっています。清盛と言えば、広島の宮島にある厳島《いつくしま》神社を連想する方が多いと思います。海面に浮かぶ寝殿造りの神殿、海の中に立つ朱色の大鳥居、これらが背景の空や山と一体となって、さすが世界文化遺産と思わずうなる光景を作り出しています。

厳島神社は有名でも、厳島の戦いはそれほど知られておらず、戦いの名前を聞いてピンとくる人は、かなりの歴史通と言えます。厳島の戦いとは、弘治元年（１５５５年）10月1日、安芸《あき》（今の広島県）の領主毛利元就が陶晴賢《すえはるかた》を奇襲し、討ち死にさせた戦いです。陶晴賢は、４年前に主君大内義隆をクーデターで倒し、長門《ながと》・周防《すおう》（今の山口県）の２カ国を手に入れています。

元就と晴賢は当初協調していましたが、野心家の晴賢との長期にわたる同盟は不可能と見た元就は、反晴賢色を鮮明にしました。これに対し、晴賢は２万の大軍を率いて安芸に侵攻、厳島にある元就方の宮ノ尾城を取り囲みました。救援に来た元就軍4000は対岸に布陣、海を挟んで両軍が対峙しました。この間に、村上水軍（主に来島《くるしま》衆）が毛利方として来援します。

宮ノ尾城が落城する寸前、元就は全軍を率いて夜間、しかも嵐の中厳島に渡りました。明け方、背後の山からと正面の海岸からと同時に攻撃した結果、晴賢軍は散り散りとなって逃げまどい、晴賢も船を求めて海岸をさまよう間に討ち取られました。厳島の戦いのあと、元就は長門・周防を手に入れ、中国地方の大大名にのし上がります。

厳島の戦いと聞いてまず出てくる疑問は、なぜ厳島なのかということです。今は宮島と呼ばれるこの島を訪れると、神社を中心とする有数の観光名所であることがわかりますが、平地に乏しく、よくここで万を超す大軍が駐留したり戦ったりしたなと思います。

幕末になり蒸気機関の船が使われるようになる以前の航海は、沿岸漁業ならぬ沿岸航海でした。風が凪《なぎ》の時は動けません。厳島は、当時の海上交通にとって欠かせない船溜まりであり、安芸の国にとって物資の集散基地でした。その結果、厳島神社の一族は島周辺も押さえ、安芸の有力な国人領主となっていました。

神社の一族が領主になった点、諏訪《すわ》神社の諏訪一族に似ています。陶、毛利のいずれがいずれを攻めるにせよ、厳島は作戦遂行上どうしても必要な場所だったのです。

ハイリスク・ハイリターンの戦法

次に、勝敗の決め手は何だったのでしょうか。このような場所での戦いですから、当然、海上兵力がものをいうことになります。初めは陶方の水軍が優勢でしたが、村上水軍の来援で逆転し、制海権を奪われました。晴賢としては、村上水軍の去就を十分見極めてから厳島に渡るべきでした。ここでまずリスク管理の失敗があります。

その上で、元就の勝利を決定づけたのは奇襲です。江戸時代に作られた書物をもとにした通説では、そもそも元就は、少数の兵が大軍を打ち破る戦法は奇襲しかなく、そのために奇計を用いて晴賢を厳島におびき寄せたとあります。その可能性を否定するものではありませんが、前述のように、晴賢にとって元就を倒し安芸を制圧するためには、いずれにせよ厳島が必要でした。

制海権が手に入れば、元就としては、陶軍を厳島に封じ込め、兵糧攻めにすることも可能だったはずです。しかし、厳島の宮ノ尾城が落城すれば、味方を見捨てたとして安芸の国人領主が離れていきます。また、戦いが長引けば山陰の尼子氏が背後を脅かします。何より、晴賢が檻の中にいるような状態で、これをむざむざ逃すことは、武将の本能として耐えがたかったのでしょう。

夜間、しかも風雨で海上が荒れていたために、陶軍は油断していました。これにより毛利軍の厳島への上陸や背後の山への侵入を許したことは、晴賢にとって取り返しのつかないリスク管理の失敗でした。

陶軍は、不意を突かれただけでなく、船という退却手段の確保が不安視されたことから、実にあっけなく崩れました。陶軍にとっては、厳島全体がタイタニック号でした。

ちなみに、家臣は自分の命に代えて主君を守るべしというのは、江戸時代の儒教思想の下での考え方であり、戦国時代、こういう行動をするのはごく一握りの者に限られました。とくに晴賢の場合、自らが主君大内義隆を裏切り死に追いやったことで、人心が離れやすかったと思われます。

元就は、村上水軍を味方に引き入れることで、当初の圧倒的に不利だった戦力バランスをかなり回復しました。次に、奇襲によって決定的な勝利を得ました。奇襲は、成功すれば少数で大軍を打ち負かせる反面、失敗すれば返り討ちに遭う、ハイリスク・ハイリターンの戦法です。その時、悪天候を利用したのは、相対的に小さなリスク（＝船の転覆）をとりながら、より大きなリスク（＝水際で殲滅される）を回避するためです。

戦《いくさ》とは、リスクとリスクのせめぎ合いであり、リスク管理が不十分だった側が敗北します。もちろん、運や偶然の要素が働くこともありますが。肥前平戸藩主で剣術の達人であった松浦静山の言葉であり、野村克也氏の引用で有名な「勝ちに不思議の勝ちあり、負けに不思議の負けなし」に通じるものがあります。

歴史コラム3　二兎を追った代償――ミッドウェィ海戦

ミッドウェィ海戦の敗因

ミッドウェィ海戦に対する一般のイメージは、次のようなものです。

真珠湾攻撃でアメリカの空母を打ち漏らした山本五十六連合艦隊司令長官は、ミッドウェイを攻略することによって敵空母を誘い出し、一気にこれを撃滅しようとしたが逆に待ち伏せに遭い、赤城以下4隻の空母を失ってしまった。これが太平洋戦争のターニング・ポイントとなり、以降日本海軍は劣勢に立たされることになった――。

概ね間違いはないのですが、海戦後の日本海軍が直ちに劣勢に立たされたわけではなく、太平洋上の勢力バランスではなお日本が優位にありました。ただ、敗北のショックから日本側、とくに連合艦隊司令部の思考が鈍っている間にガダルカナル島を占領され、そこで消耗戦を強いられた結果、山本長官が描いていた短期決戦は不可能となりました。

ミッドウェイ海戦について、これまで日本側の敗北の原因とされているものを整理してみます。

敗因① 情報戦での敗北――米軍に暗号を解読され、事前にミッドウェイ作戦の内容が知られていました。アメリカ側関係者では、とくにこの情報戦の勝利を高く評価しています。

敗因② 兵力の分散――1カ月前のニューギニアのポートモレスビー攻略作戦のために、大型空母2隻（翔鶴と瑞鶴）が南雲機動部隊から分けられました。アメリカ機動部隊との間の史上初の空母決戦で両艦とも傷つき、ミッドウェイ海戦には参加できませんでした。

また、ミッドウェイ作戦と同時にアリューシャン作戦が実施され、中型空母2隻が使用されました。

敗因③　南雲機動部隊の判断ミス――ミッドウェイを爆撃した第一次攻撃隊からの「第二次攻撃の要ありと認む」の連絡を受け、第二次攻撃隊の兵装を艦艇攻撃用（雷装）から地上攻撃用（爆装）に転換、のちに偵察機から敵艦隊発見の連絡を受け、再度兵装転換を命じました。空母飛龍にいた山口多聞第二航空船隊司令官は、爆装のまま直ちに発進させることを進言しましたが、採用されませんでした。

敗因④　連合艦隊司令部の判断ミス――山本長官以下連合艦隊司令部は、旗艦大和を含む本隊とともに機動部隊の後方を進んでいました。途中ハワイやミッドウェイ方面におけるアメリカ軍の活発な動きを傍受しましたが、機動部隊も受信しているであろうと伝えませんでした。また、敵艦隊発見の報を聞いた際も、半分は敵艦艇攻撃用に残しているはずとして即時攻撃を指示しませんでした。

敗因⑤　南雲機動部隊にとってのいくつかの不運――巡洋艦利根《とね》の水上偵察機4号機の発艦がカタパルトの不具合で30分近く遅れました。まさにこの4号機があとでアメリカ艦隊を発見します。

アメリカの潜水艦を攻撃した日本の駆逐艦のあとをつけて、アメリカの艦上爆撃機の一隊が南雲機動部隊を発見しました。アメリカの艦上爆撃機が到達した時、空母を警護するゼロ戦は直前のアメリカの雷撃機の攻撃に引き寄せられて海面近くにいました。

二兎を追うことの大きなリスク

情報戦を除くと、敗因は、基本的にその作戦目的が中途半端な点に由来しています。「ミッドウェイを攻略するとともにアメリカ艦隊を撃滅する」という目的は、事が都合よく運んだ時のみ達成可能であり、同時進行の可能性が出てきた瞬間に混乱が生じます。もちろん、機動部隊が兵装転換することなく直ちに攻撃隊を出していたならば、ということは言えますが、そもそも両にらみの準備をしていること自体に無理があります。

二兎を追うとなれば、十分な航空機を確保すべく空母の数を増やすとか、動くことのない陸上基地への攻撃を後回しにして、全力で周辺海域を索敵するとかすべきだったでしょう。連合艦隊司令部も南雲司令部も、大きなリスクをとっているという認識が十分でなかったのかもしれません。

本来、連合艦隊司令部は軍令部の指令に基づいて具体的な作戦計画を立案する立場でしたが、当時、形式はともかく実態としては必ずしもそうなっておらず、認識の擦り合わせが十分ではありませんでした。結果として、兵力の分散や作戦の無理が生じています。

真珠湾攻撃は、地上施設や空母を攻撃できなかったため、リスクの大きさに比べ実質的なリターンの少ない結果に終わりました。名目的なリターンの大きさがガバナンス上の問題を引き起こす一方で、実質的なリターンの少なさがその後の作戦に負荷をかけています。ミッドウェイ海戦の評価の前提として、真珠湾攻撃の意義の評価も必要になります。

主観的な確率にとらわれる

南雲機動部隊が、アメリカ艦隊が付近にいる可能性は極めて低いと見ていたことは、その後の関係者の証言からも明らかです。人が持つ信念とか信頼の程度によって成立する確率という意味で、「主観的確率」という概念があり、客観的な観測結果のみをもとにする客観的確率と対比されます。

この場合、アメリカ艦隊が近くにいる可能性が極めて低いというのは、まさに主観的確率でした。どうして極めて低いと思ったのか、そう思ったから思ったという以外にはありません。このあたりを指して、真珠湾攻撃が（表面的には）成功して以来の連戦連勝から生まれた驕りが、ミッドウェイ海戦の敗因だとする説が生まれています。連合艦隊司令部も機動部隊も、「仮にアメリカ艦隊が出てきても鎧袖《がいしゅう》一触だ」との雰囲気だったようです。

実は、南雲機動部隊が4月にインド洋に進出、セイロンを攻撃した際、陸上基地を攻撃中にイギリスの爆撃機に襲われるという事件がありました。爆弾は当たりませんでしたが、ヒヤリとしたといいます。この経験をもとに、一つの目標を攻撃している時が最も危ない、という感覚があれば、もっと索敵に力を入れていたことでしょう。

確率と言えば、ミッドウェイ海戦に先立って行われた図上演習の際、サイコロで決めていたはずの日本空母の被爆数を、教官（宇垣連合艦隊参謀長）の鶴の一声で減らして演習を進めたということがありました。自ら定めたランダム性のルールを無視してシミュレーションするわけですから、何をかいわんや、です。

左近允《さこんじょう》尚敏氏の『ミッドウェー海戦』（新人物往来社）の中で紹介されている、アメリカ太平洋艦隊司令長官ニミッツが海戦に先立って機動部隊指揮官にあてた指示です。「貴官は任務の遂行に当たり、計算されたリスクの原則に従うものとする。その意味するところは、指揮下の部隊を優勢な敵にさらしてはいけないということである。ただし部隊を敵にさらすことによって、敵により大きな損害を与える見込みが大きい場合は別である」

また、被弾したあとのアメリカ艦船の危機管理、ダメージコントロールは日本の比ではなく、珊瑚海海戦で中破したアメリカの空母ヨークタウンも突貫工事でミッドウェイ海戦に間に合わせることができました。

日米のリスク感覚、リスク管理の違いが勝敗を分けたのです。

第　3　章

リスクを
コントロールできるか

手袋を買いに――狐は人間を信用していいのか

新美南吉の有名な童話「手袋を買いに」は、次のような物語です。冬、雪に触れる子狐の手に霜焼けができてはかわいそうと思った母狐は、町まで行って毛糸の手袋を買ってやることにしました。

しかし途中で、かつて町でひどい目に遭ったことを思い出し、足がすくんで前に進めません。仕方ないので、子狐の片方の手を人間の子供の手に変え、白銅貨を握らせて、こちらの手だけ出すように言って帽子屋に行かせました。

ところが、子狐は間違った手を出してしまいます。帽子屋は狐の仕業とわかりましたが、白銅貨を受け取ると子供用の毛糸の手袋を持たせました。帰った子狐が、いきさつを語って人間は怖くないと言うのを聞いて、母狐は、「ほんとうに人間はいいものかしら」と二度つぶやきます。

動物が人間を警戒する話は、物語の中で多く登場します。イギリスのビアトリクス・ポターが書いた「ピーター・ラビットのおはなし」では、ピーター（もちろん、うさぎです）が母親の言いつけを破ってマクレガーさんの農場に忍び込んで野菜を食べ、マクレガーさんに追いかけられます。ピーターの父親はマクレガーさんに捕まってパイにされてしまったので、母親は近づいてはいけないと言っていたのです。

リスク管理の第一歩は、リスクの所在を認識することです。自らや周囲の人の経験、外から学んだ知識、そして本能や直感などが認識のもとになります。

以前、ある水族館の館長さんから気になる話を聞きました。

その水族館では、アシカやオットセイ、セイウチなど海獣類と彼らによるショーが人気を集めていますが、最近の若い親の中には、子供を抱き上げて柵や手すりの上から水の上に突き出す人がいて、ハラハラする。注意をするが、言われないと危険がわからないのだろうか、とおっしゃっていました。

教育現場でも遊びの場でも、「安全」ということが強調されるようになって久しくなります。リスクが少ない環境で育った世代の、リスクに対する感覚が気になります。

「李下に冠を整さず」がリスク管理の第一歩

リスクの所在を認識したら、母狐やピーターの母親のように、それを回避するという手段をとることが可能になります。彼らの場合、身体的な危険なので避けるのが当然と言えますが、我々の日常生活では、リスクを回避すべきかそのままリスクをとるべきか迷うことがあります。

第1章冒頭で挙げたAさんの例を思い出してください。

Aさんは、健康診断で血圧とコレステロールの値にイエローカードが出され、飲酒やタバコを減らしたり、食事で塩分を控えめにしたりしました。しかし、この段階での選択肢としては、何もしない、すなわち、健康を害するリスクをそのままとり続けることができます。

Aさんが、「未来のことは誰にもわからない。お酒をたらふく飲んで、タバコを吸って、塩分が多い漬物を沢山食べて長生きする人もいるではないか」と居直ることも十分考えられます。

タバコが健康に有害であることは科学的に実証されていますし、誰もそのことを否定しません。にもかかわらず喫煙を続ける人が多く、こうした行動（「アディクション」――中毒、病みつき）を合理的に説明できるかどうか、かつて経済学の世界で論争がありました。

この場合のAさんと違って、リスク管理を保守的にする、すなわちできるだけリスクを回避する行動様式もあります。「李下《りか》に冠を整さず」とは、中国古代の詩を集めた古詩源にある話で、李《すもも》の木の下で冠を直すと李を盗んでいるように疑われるから、しない方がよいというたとえです。原文ではその前に「瓜田《かでん》に履《くつ》を納《い》れず」という言葉があり、ともに、他人から疑いを持たれやすい行為はするなという意味です。

最近、沖縄における国の出先機関の長が、地元自治体の首長選の前に関係する職員に向けて「講話」を行い、問題視される事件がありました。この報道を聞いた時、「李下に冠を整さず」という言葉が頭をよぎりました。不必要なリスクはとらない、それがリスク管理の第一歩です。

企業経営でも実証された分散投資のメリット

全部の卵を一つのかごに入れてはいけない――誰でも知っているリスク管理の基本ですが、

この概念が数学的に明らかにされたのはそんなに古いことではありません。１９５２年、シカゴ大学の大学院生であったハリー・マーコビッツが「ポートフォリオ選択」という論文を発表してからです。

彼は、投資家は単にリターンの最大化を求めるのではなく、一方でその変動やばらつきを望まないというリスク回避の姿勢を持っている。収益率の連動性（相関）が低い複数の銘柄を組み合わせることによって、全体としてのリスクを抑えつつ、同じリターンを期待することができる、としました。そして、同じリスクで最大のリターン、同じリターンで最小のリスクの組み合わせを、「効率的ポートフォリオ」と呼びました。

収益率のばらつきをリスクと定義し、リスクとリターンを同等なものとして位置づける彼の理論は、その後の証券投資理論に大きな影響を与えました。

一方、分散投資によるリスクの軽減という考え方は、企業経営でも存在します。それは、事業の多角化です。

ある事業が競争の激化や市場の成熟により不振に陥っても、ほかの事業の売り上げや利益で不振事業の落ち込みをカバーするとともに、配置転換による雇用の安定化も図ることができます。最近、アメリカのコダックが経営破綻しましたが、カメラ市場における、フィルムカメラからデジタルカメラへの移行を見すえた事業転換に失敗したことが、破綻の原因と言われています。

それに対し、日本でのライバルだった富士フイルムグループは、液晶ディスプレイ用フィルムや医療機器・医薬関連にも進出しています。また、かつてのフィルムカメラのメーカーは、今やデジタルカメラに加え、キヤノンの半導体製造装置や複写機用カートリッジ、リコーの事務用機器、オリンパスの内視鏡のように、それぞれ他分野で高いシェアを上げています。

事業の多角化には、リスクを減らすこと以外に、「範囲の経済」あるいは「シナジー」と言われるメリットがあるとされます。これは、複数の事業を別々の会社が行うよりも、例えば管理部門のように、一つの会社でやった方が少ないコストですむ、あるいは、技術やブランド、販売ルートなどで相乗効果が見込めるというものです。

「選択と集中」が成功するとは限らない

もっとも、事業の多角化が、必ずしもリスクやコストの軽減、増収などに結びつかないこともあります。ヒト、カネ、モノなど経営資源を分ける結果、それぞれの分野で「規模の経済」が失われ、専業の会社に負けてしまうという、分散がもたらすリスクです。

バブル崩壊後の長期低迷の中、収益力が低下した日本企業に対し、事業の「選択と集中」が必要だとの議論が強まりました。投資家の間では、「総合」型企業の人気がなく、また、選択と集中が進まないのは日本型経営に原因があるとして、外国人経営者待望論すら出ました。

しかし、最近、選択した事業分野に逆風が吹くケースや、東日本大震災やタイの大洪水でサプライチェーン（原材料調達から製品の完成や販売に至るまでの工程、物流システム）が寸断される事態などが発生し、分散の重要性が再認識されています。

結局、事業については、集中か分散かという二者択一ではなく、投入できる資源の質・量や、「コアコンピタンス」と呼ばれる、他社に比べてとくに優位にある経営要素などを考え、より小さなリスクでより大きなリターンをもたらす最適な組み合わせを探っていくしかありません。

１９８０年代、関西の家電メーカーは、当時爆発的に需要が拡大したＶＴＲに積極投資するとともに、半導体や事務用機器など、家電以外の事業分野拡大を図りました。その後、バブル崩壊を経て2000年代に入ると、液晶やプラズマといった薄型テレビ事業に集中投資し、垂直統合と言われるパネルから完成品までの一貫生産を目指しました。

しかし、韓国サムスンなどとの競争激化による採算の悪化から、パナソニックは、スリム化などによる薄型テレビや半導体事業の黒字化を図るとともに、新興国における白物家電、ソーラー・蓄電池・LED照明やこれらを使ったソリューションビジネスなどを強化すると発表しました（2011年10月31日の事業戦略説明会）。

これらの分野は、「得意とする」環境コア技術を生かせるということで、これが同社のコアコンピタンスと見られます。

確率を用いてリスクを評価する

第1章で、確率理論の発達とともにリスクの概念やリスク管理手法が発達したことを書きました。

その例として、今日、金融の分野では、「バリュー・アット・リスク（VaR）」という指

図表1　釣り鐘の形をした損益の分布

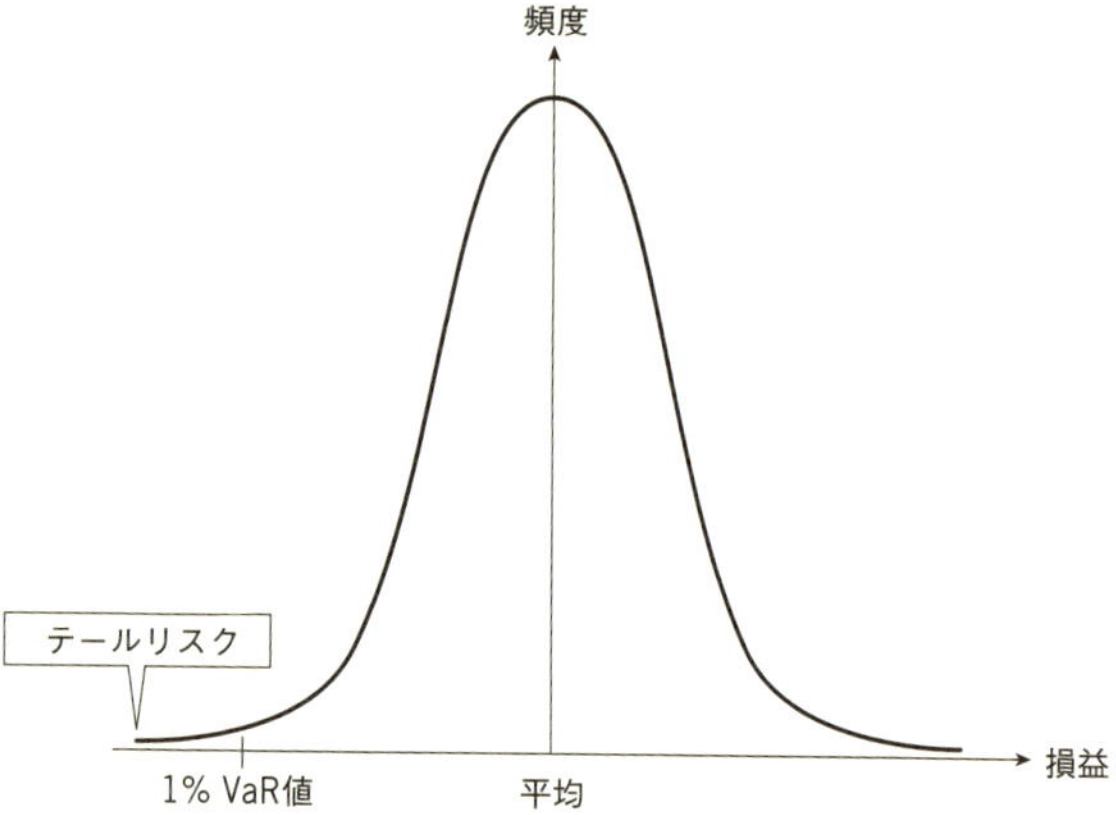

標でリスクを評価し、これを一定の範囲に抑えるというリスク管理手法が一般的に用いられています。ＶａＲとは、例えば、ある有価証券のポートフォリオを10日間保有し続けるとした場合、１００回のうち99回の割合で損失が一定限度（＝ＶａＲの値）内に収まるというものです。この値は、市場で観察される価格の変化率などをもとに、その分布が正規分布であることを「仮定」して計算されます（図表１）。

よくＶａＲについての説明の中で、一定の確率で発生する「最大」損失と表現されることが多いので誤解されるのですが、結果的にこれを超える損失が発生することはあります。そもそも、この例でも100回に1回の割合でこれを超える可能性があることが示されており、その際損失がいくらまで拡大するか、何も示されていません。

確率は小さいけれども大きな損失が発生する部分のリスクを、尻尾の意味で「テールリスク」と言います。また、時に市場は、あたかもジャンプするかのごとく大きく変動することがあります。すなわち、実際には、VaRを計算する上で仮定した正規分布で見るより高い頻度で大きな損失が発生することがあります。これが、尻尾が太い「ファットテール」の問題です。

一方、工学系の分野ではリスクの評価法として、「ある事象が発生する確率（あるいは頻度）×影響の度合い」という積が用いられます。飛行機が大型化すれば事故1回当たりの犠牲者の数は増えるので、墜落する確率が減ってもリスクが減ったとは言えない、という考え方です。

こうした評価の仕方は、ある基準ややり方を採用するかしないかについて、単独で、あるいはコスト（リスクを軽減する場合）や便益（リスクを発生させる場合）との比較で、あるいはほかの基準ややり方との比較において、判断していく際に用いられます。

大規模プラントなどの安全評価において、以前から、安全確保のための措置がどのように機能するか解析し、安全が確保されていることを確認する「決定論的手法」が用いられていました。しかし、福島第一原発事故で見られたように、多重に防護したつもりの装置や措置が次々に機能しなくなるケースもあることから、近年では、これらの事象を確率分布として捉え、安全を総合評価する手法が用いられるようになっています。「確率論的安全評価」とか「確率論的リスク評価」と呼ばれるものです。

その際、ある事象（例えば船の座礁）が発生してから、起こり得ること（例えば浸水区画の閉鎖が成功する、しない）を確率とともに次々に辿っていくことで、最終的に起きること（例えば乗客の死亡）の確率と影響を確認していくという、「イベントツリー」手法が用いられるようになっています。このうち、安全措置の不都合部分だけを取り出したものが「フォールトツリー」と呼ばれます。

このように、リスク管理における「確率」の重要性がますます高まっています。しかし、だからといって定性的判断や評価の意義が減ることにはなりません。確率には、データや分布の形状などに関する制約が必ずあります。

そして、世の中の多くのことに確率で捉えられない不確実性がつきまとい、それが拡大する場面もあります。大事なこと、重要なことについては、「ゼロリスクはない」という発想で臨むことが求められます。

危機管理は事後対応だけではない

一頃、「水と安全がただと思っている日本人は、危機管理が苦手だ」としきりに言われました。今はそうでないと思っていたのですが、原発事故への対応などを見る限り必ずしもそうとは言えないのが残念です。

危機管理とは、不幸にしてリスクが現実のものとなった場合の事後対応ですが、二つの意味でリスク管理と言えます。

一つは、危機管理の重要な目的として、二次災害の発生防止、すなわち被害や損失、リスクの拡大を防ぐことがあるからです。

物理的な被災の場合は対象となるものが明らかですが、企業不祥事の広報などの場合、結果的に守るべきものを取り違えてしまうことがよくあります。組織防衛の観点からの慎重な対応が、情報の受け手から見ると、何か隠そうとしているのではないか、事態を過小評価しているのではないか、反省がないのではないかと見え、逆に信頼を失ったり、評判を落としたりすることがあります。レピュテーショナルリスクの問題です。

一度失った信頼や評判を取り戻すのは容易なことではなく、情報発信をする際は、受け手の視点を踏まえた「客観的な」誠実さが求められます。何か事が起きた時は最悪の事態を想定し、できるだけ早く情報の収集を行い、速やかに情報を開示することが求められます。

なぜバス乗っ取り事件はすぐに解決したのか

危機管理がリスク管理であるもう一つの理由は、あらかじめ危機を想定し、それに対する備えをしておくことが重要だからです。

古代中国の「春秋左子伝」にある句です。「書に曰《いわ》く、安きにありて危きを思う、と。思えば則ち備え有り、備え有れば患い無し」。単に「備え有れば」と言うより、全体を一緒に覚える方が思考のプロセスがわかりやすいですね。「安きにありて危きを思う」とは、のちに述べるストレステスト的考え方でもあります。

今日、危機管理の考え方はかなり浸透し、多くの企業や組織で「危機管理対応マニュアル」が作られています。危機の中には文字通り「不測の事態」もあるわけですから、そこでは危機対応全般、すなわち危機時の認定、連絡・情報収集体制、非常時要員の任命と召集手順、危機対応本部の設置などを定め、個別の事態については、別途マニュアルを作成しているケースがあります。金融機関におけるシステム障害対応などがそうです。

最近では、火災や地震、疫病の流行など、一定の事象が発生した場合に、業務を極力継続できる、もしくは早期に回復できるようにするための計画作りも進んでいます。BCP（業務継続計画）と言われるものです。

さらに、マニュアルや計画を作っただけではいざという時に役に立つかわかりませんので、訓練でそれを確認します。しかし、中には訓練が形骸化し、訓練のための訓練になっているケースが見られます。訓練の意義について繰り返し理解を求めるとともに、内容を工夫することによって、より実践的なものにしていくことが必要です。特定の想定下の訓練も大事ですが、アト・ランダムに選んだ危機で机上のシミュレーションを繰り返すことも役に立ちます。一種の図上演習です。

危機管理で有効なのは、ほかの事例に学ぶことです。2011年11月、千葉中央バスであった乗っ取り事件では、2000年の西鉄バスジャック事件を教訓とした、バス外に異常事態の発生を報せる装置の設置や緊急時訓練の実施が効を奏し、無事に解決しました。

また、東京ディズニーリゾートでは、かねてより防災対策に力を入れており、東日本大震災では、約7万人の来園者の避難誘導と園内での一時待機などが、アルバイトを含む従業員の手によって円滑に行われたと報じられました。リゾートを運営するオリエンタルランドのサイトによると、区画を分けた年4回の総合防災訓練、建物ごとに計画された年間180回以上の訓練により、従業員向けマニュアルの周知徹底を図っているそうです。

東日本大震災後、危機管理の考えは家庭にも浸透し、防災グッズの購入、ハザード・マップや避難所の確認、緊急時の連絡方法の確認などが行われています。自然災害に限らず、家庭の危機管理として重要なことは、「コミュニケーションの確保」です。

保険は宝くじと同じ？

リスク管理と保険は密接不可分、表裏の関係にあります。

仲間うちで何かあった時の備えとして、各自が一定額を拠出してプールしておき、不幸に遭った者がそれを取得するという「保険的」な発想は、かなり以前からありました。日本では、無尽《むじん》とか頼母子講《たのもしこう》と言われるものがそれです。これにより皆でリスクを分かち合うことができました。

さらに、近代になって確率理論が発達したことによって、保険が飛躍的に拡大しました。17世紀から18世紀初頭のスイスの数学者・科学者のヤコブ・ベルヌーイが発見した「大数の法則」とは、試行を繰り返すことによって、統計的（経験的）頻度を数学的（理論的）確率に近づけていくことができるというものです。

大数の法則を応用することにより、死亡や火災に備えていくら拠出すればよいのかの計算、すなわち保険料の算定がより確かなものになりました。これにより保険の加入者が増え、加入者の増加が保険料算定の精度を上げるという相乗効果がもたらされました。

すなわち、いつ死ぬかわからない、いつ火事に遭うかわからないという純粋な不確実性の中から、管理可能なリスクを抽出したのが現代の保険です。保険サービスは年々多様化しており、企業にとっても個人にとっても、リスク管理の観点から欠かせない存在となっています。

ところで、保険はギャンブルと同じだと言えば、皆さんぎょっとするでしょうか。経済学や確率を扱った本にそのようなことが書いてあります。両者とも確率の原理で説明できる点は同じです。自分は絶対ギャンブルはやらないということでしたら、宝くじに置き換えましょう。宝くじなら絶対買わないと言う人は少ないと思います。

保険も宝くじも、参加者から集めた資金のうち、利益や経費として保険会社や自治体など主催者の手元に残す分を差し引いて分配します。その結果、「期待値」、すなわち保険金や賞金とそれらが手に入る確率を掛け合わせたものは、必ず保険料や宝くじの値段を下回ります。にもかかわらず、人々が保険に入ったり宝くじを買ったりするのはなぜでしょうか。

経済学は、ここで「効用」やその加重平均である「期待効用」という、人々の満足度や好みを表す概念を使います。そして、効用の感じ方の違いで、「リスク愛好的」「リスク回避的」という分類をします。

例えば、宝くじで当たる1000万円は宝くじ購入の際の100円の10万倍以上の内面的な価値、心理的な重さがあり、それを確率で割引いた期待効用は100円の期待効用を上回るから購入するといった具合です。「リスク愛好的」な人は「リスク回避的」な人より期待効用が高く、より宝くじを購入します。

一方、効用概念を用いなくても、一般的に期待値が購入値段を上回るものとして「福袋」があります。しかも、お正月の縁起物とあって期待効用もそれと同程度か、さらに大きいものとなるので、人気を呼びます。

もっとも、多くの人は、一定の予算制約の下で適当に、もしくは家庭内の力関係の結果として、保険料や宝くじ、そしてギャンブルに支出を振り分けていることでしょう。保険や効用に関する詳しいことは専門書をご覧いただくとして、ここでは現実論に基づく以下のアドバイスを送ります。

保険は、入りだしたらきりがありません。無理のない範囲での保険料の支払いを。それから、保険内容をよく確認してください。入ったあとも時々確かめてください。

宝くじは、あくまで夢を買うものとの割り切りも必要です。

ギャンブルは、家計のほかの支出（含む貯蓄）を終えたあとの余ったお金でやってください。

歴史コラム4 分散と集中は紙一重——ワーテルローの戦い

ワーテルローの戦いと言えば、ナポレオンが大敗して100日天下に終止符を打ったことで有名です。

「グルーシーはまだか」という言葉をご存じなら、ナポレオン通と言えます。ワーテルローでナポレオンはイギリス、プロシア連合軍と戦いましたが、プロシア軍を追跡しているはずのグルーシー将軍以下フランス軍別働隊の戦場到達が遅れたために、ナポレオンが敗北することになりました（図表2）。

「グルーシーはまだか」

1815年2月、地中海のエルバ島を脱出したナポレオンはパリに帰還し、再び帝位に就きました。反仏同盟軍が四方からフランスに侵攻しようとするのを見たナポレオンは、先手を打って戦闘を仕掛けます。まず北方のベルギーに向かい、ウェリントン将軍のイギリス軍、ブリュッヘル将軍のプロシア軍を主体とする連合軍の各個撃破を狙いました。

6月16日、ナポレオンはネイ将軍指揮の部隊にカトル・ブラのイギリス軍陣地の占領を

図表2　ワーテルローの戦い（1815年）

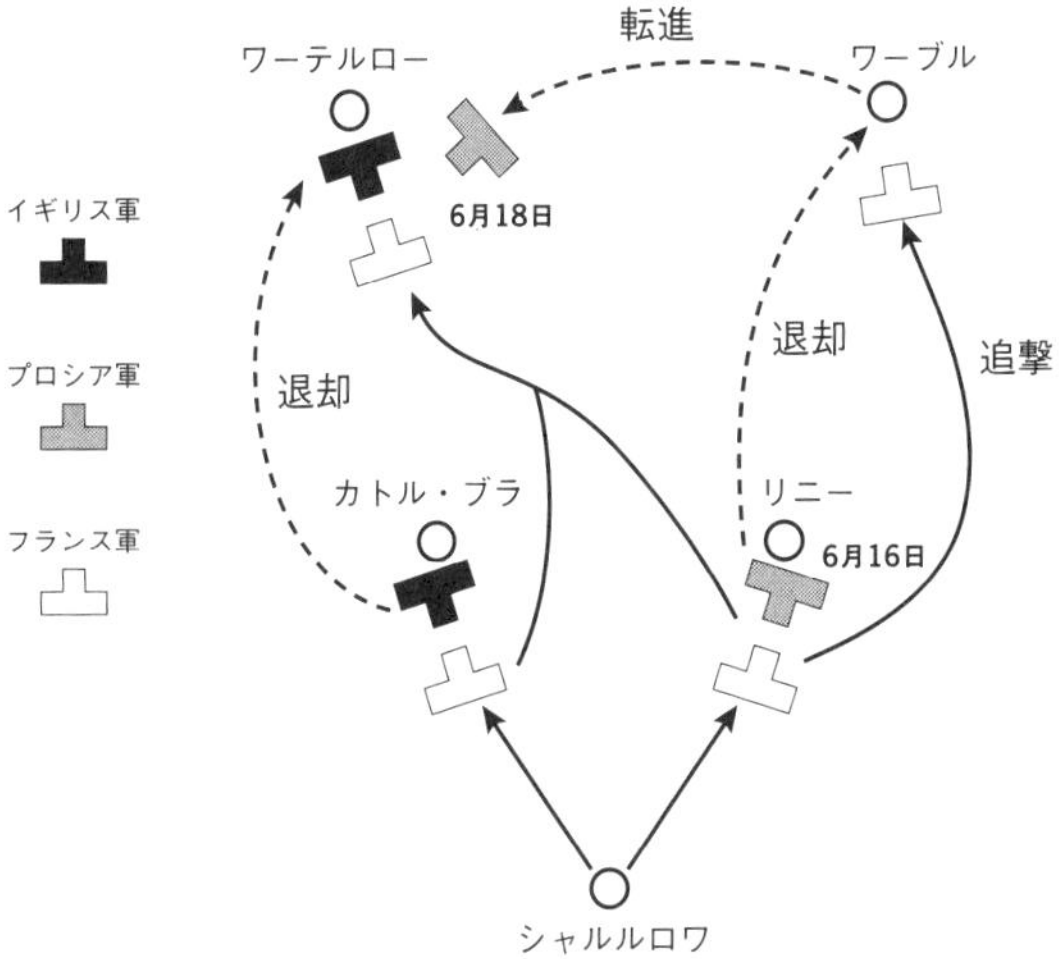

命じるとともに、自身は残りの軍団を率いてリニーにいたプロシア軍を攻撃、激戦の末プロシア軍を退却させました。ナポレオンはグルーシー将軍に３万５０００の兵力を与え、プロシア軍の追撃を命じると、親衛隊とともにネイ将軍の部隊と合流し、今度はイギリス軍の撃破を目指しました。

２日後の６月18日、ワーテルロー村を後ろに控えた丘陵に布陣したウェリントン指揮のイギリス軍主体の６万８０００とナポレオンのフランス軍７万２０００が対峙しました。フランス軍の攻撃が始まったのは正午近くになってからで、以降、いくつかの局面に分かれて双方の歩兵、騎兵、砲兵が入り乱れる激戦が繰り広げられました。

終盤までフランス軍が優勢だったのですが、プロシア軍が到着、戦闘に参加するに及んで形勢が逆転し、ナポレオンの親衛隊による最後の攻撃が失敗したのをきっかけにフランス軍は総崩れとなりました。ナポレオンは後ろ髪を引かれる思いで副官に促されて馬車でパリに向かいました。

ナポレオンの辞書から消えたリスク管理

ナポレオンの敗因については、多くの歴史家が、ナポレオンの決断力のなさと配下の将軍たちの無能さを挙げています。

当初、連合軍を各個撃破するというナポレオンの意図は達成されつつありました。リニーでプロシア軍を後退させたため、ワーテルローの戦場に彼らの姿はありませんでした。

しかし、夏至に近い時期なので、午前5時頃には十分明るいにもかかわらず、前夜の雨で地面がぬかるんでいるとの理由で、ナポレオンは作戦開始を数時間遅らせました。また、終盤、イギリス軍の前線が崩壊の兆しを見せた時、ネイ将軍から求められた親衛隊の投入を拒否し、勝機を逸しました。当時ナポレオンは健康を害しており、これが以前の彼とは別人のような行動に繋がったと言われています。

一方、ナポレオンに次ぐナンバー2の立場にあったネイ将軍は、作戦初期の段階で、カトル・ブラにいる少数のイギリス軍部隊に対する攻撃をなぜかためらい、その後にプロシア軍を側面攻撃する絶好のチャンスを逸しました。

一方、プロシア軍追撃のために大軍を預けられたグルーシー将軍は、そのプロシア軍に振り切られただけでなく、西方のワーテルローから砲声が聞こえた時、すぐに応援に駆けつけるべきだとの配下の将軍たちの助言をしりぞけました。「私が皇帝から与えられた任務はプロシア軍の追撃だ」と言って。

先ほどから繰り返し使っていますが、この戦役のキーワードは、「各個撃破」でした。リニーでのプロシア軍に対する勝利を確実なものにするため、ナポレオンはグルーシー以下の軍を分けましたが、この結果、逆に、自らが連合軍によって各個撃破されるリスクにさらされます。このことを認識し、プロシア軍の動静やグルーシー軍との連絡に十分気を配るとともに、できるだけ速やかにウェリントン軍を撃破、プロシア軍との協働を阻止することに最重点を置くべきでした。

一方、ウェリントンは、徹底したリスク管理に努めました。

各個撃破というナポレオンの企図をいち早く見抜き、リニーでのプロシア軍の敗北を耳にするや直ちに北方のワーテルローまで後退しました。ブリュッヘルからプロシア軍は後退中だがいずれ合流するとの連絡を受けると、ワーテルロー南方の高地に布陣し、ナポレオンの前進を食い止めることとしました。稜線とその背後に兵を配置し、低い位置からは全体の姿を見えにくくするとともに、前方の複数の農園を防御陣地としました。農園と言っても、日本の農家と違って、高い塀に囲まれた石造りの城館とも言うべきもので、ナポレオン軍はこの占領のために兵士と時間を消耗しました。

戦闘中もウェリントンは、ナポレオン軍の重圧に耐えながら、精力的に防御の指示をして回りました。最後に勝利したあとの彼は、あまり喜びを見せず、本国への報告も控えめなものだったと伝えられています。

イギリスでのワーテルロー人気

その後ナポレオンは、大西洋上の孤島セントヘレナに流され、6年後の1821年5月5日に51歳で亡くなりました。胃がんか肝臓の病気であったとされています。ウェリントンはナポレオンを負かした英雄となり、のちに首相にもなっています。

ロンドンのテムズ川南岸にはワーテルローの名を冠した駅（英語ではウォータールー駅）があり、イギリス南部に向かう列車が発着しています。市内の大きな本屋に行くと、ナポレオン戦役やワーテルローの戦いに関する書物が多数並んでいます。戦いに関する本が次々に出版されるところは、日本の関ヶ原の戦いに似ています。

歴史コラム5 危機管理の欠如が招いた完敗――アルマダの海戦

エリザベスを倒せ

1588年7月12日、スペイン北西の港コロンナを3万人の兵士や水夫を乗せた130隻の船が出航しました。「無敵艦隊」（アルマダ）と呼ばれたスペイン艦隊です。向かったのは英仏海峡で、そこで待ち構えているイギリス艦隊を蹴散らしつつ、スペイン領ネーデルランド（今のオランダとベルギー）にいるパルマ公のスペイン軍と合流、その後イギリス本土に上陸作戦を敢行することになっていました。

当時のスペインは、人類史上初めてのグローバルな超大国でした。ハプスブルク家の婚姻政策のおかげで、国王フェリペ2世は父親（神聖ローマ皇帝カール5世でありスペインのカルロス1世）から、スペインとその海外領土、ネーデルランド、北部イタリア、シチリアなどを相続しただけでなく、ポルトガル王位をも継承しました。その結果、ブラジル、アフリカ南部やインドの一部（例えばゴア）、マラッカ海峡沿岸、マカオ、モルッカ諸島なども手に入れました。文字通り、「日が没することのない帝国」となりました。

そのフェリペがイギリスと戦争することを決めた理由は、二つあります。

一つは、海上覇権の確立です。イギリスの女王エリザベス1世は、海を越えてネーデルランド諸州のスペインからの独立運動を支援していました。また、フランシス・ドレイクやジャック・ホーキンズら海賊がスペイン船や沿岸を襲うのを黙認していました。海賊と言っても、パイレーツ・オブ・カリビアンのジャック・スパロウ船長とはだいぶ様相が異なり、予備役の海軍軍人のような存在でした。フェリペにとってイギリスは目の上のたんこぶ、というより悪性腫瘍のような存在であり、これ以上放置できないと考えました。

もう一つは、宗教問題です。イギリスは、エリザベスの父王ヘンリー8世が英国国教会を設立した新教国です。一方、フェリペは熱烈なカトリックで、領土内にいるプロテスタントやイスラム教徒、ユダヤ教徒を弾圧しました。

彼は、エリザベスの従姉妹で旧教徒のスコットランド女王メアリーがイギリス王位に就くことを望んでいましたが、エリザベスは、スペイン大使を追放するとともに、メアリーを反逆の罪で処刑しました。2007年のイギリス映画「エリザベス：ゴールデン・エイジ」でこれらの場面をご覧になった方も多いと思います。この事件は、フェリペの反イギリス、反エリザベス感情に火をつけました。

スペインの完敗に終わった海戦の経過

先手を打ったのはイギリスです。スペインがイギリス侵攻を計画しているのを知り、ドレイク率いる艦隊がスペインの港町カディス、リスボン、アゾレス諸島を襲い、スペイン船を撃沈したり捕獲したりしました。これに対しフェリペは、お気に入りの貴族シドニア公を司令官に任じ、大艦隊を英仏海峡に派遣しました。シドニア公は、戦闘や海上勤務の経験がなかったにもかかわらず、前任者が病死したため、急遽任命されました。

1588年7月28日のイギリス艦隊による夜襲をきっかけに、双方の艦隊が幾度か交戦しましたが、一貫してイギリス艦隊が優勢でした。スペイン艦隊が古代以来の地中海での海戦同様、洋上での切り込みを主体としていたのに対し、イギリス艦隊はより近代的に、船のスピードと砲戦を重視していたからです。スペイン艦隊は砲火で傷つくだけでなく、大陸沿岸の港で糧食や弾薬を補給することがままならず、また、パルマ公の軍隊と合流することもできませんでした。

どうにもならなくなったシドニア公は作戦中止を決定しますが、来た道はイギリス艦隊が待ち構えていますので、イギリス東岸を北上し、北端のオークニー諸島経由でぐるりと一周しスペインに帰ることにしました。しかし、途中暴風雨や座礁、飢えなどに悩まされ、結局、スペインに帰り着いたのは出発時の半分以下の船と人員に止まりました。フェリペは失望しましたが、お気に入りのシドニア公の責任を問うことはしませんでした。

机上の計画を疑わず、「自信がなかった」司令官が出撃

スペイン側の敗北の要因としては、司令官の能力不足、艦艇の戦闘能力や艦隊行動の劣位、イギリス周辺の海域や天候に対する認識の不足などいろいろありますが、とくに危機管理の不足が挙げられます。

洋上戦闘が不利な時、糧食や弾薬の補給がうまくいかない時、ネーデルランドのスペイン軍との合流ができない時、スペインへ退却する時など、いくつもの危機のケースを想定し、それにどう対処するのかを考えておく必要がありました。机上で立てた計画がすべてうまくいくという、戦いでは絶対あり得ないことが想定され、あとは、「最初から自信がなかった」司令官に任されたのです。

敬虔なフェリペは、晩年、マドリード郊外の山中にあるエル・エスコリアル寺院にこもり、神への祈りに多くの時間を費やしました。アルマダの遠征にあたって、彼は神のご加護を熱心に祈りましたが、危機管理を失念していた代償は高いものにつきました。

第　4　章

不確実性の下での意思決定

「不確実性」は確率で計測できない

確率理論が発展して以来、計量的な手法を用いた予測が追求されてきましたが、20世紀に入り第一次世界大戦後、人類史上かつてない惨禍を経験したあとという時代の気分を反映してか、不確実性に関する議論が盛んになります。その代表が、アメリカの経済学者フランク・ナイトです。

彼は、『リスク、不確実性および利潤』（1921年）の中で、不確定なことについて、確率によって計測できるものと計測できないものに区別しました。確率によって計測できるものは、さらに、サイコロの目のように数学的に決まるもの（「先験的確率」）と、実際に観察されるデータから決まるもの（「統計的確率」）に分けます。

そして、確率によって計測できるものをリスク、計測できないものを不確実性（もしくは「真の不確実性」）と呼びました。その上で、不確実性の下で意思決定する企業家への対価が利潤であるとしました。

ジョン・メイナード・ケインズも、確率法則が機能しない不確実性を重視しました。ケインズは、『雇用、利子および貨幣の一般理論』（1936年）の中で、不確実性という概念を使うことによって、家計が貯蓄と消費を分ける理由、貯蓄を流動性ある形で保有する理由、設備投資が変動したり金利に反応しなかったりする理由などを説明しました。

本書では、リスクと不確実性について、ここまで厳密な区別をしておらず、これまでリスクと呼んでいたものの中には、ナイト流の不確実性も含まれています。しかし、物事を理解する上で、ナイトの区別は有用な概念となっています。その上で、第4章では、先が読めない状況の中での意思決定について、広く取り上げます。

羹に懲りて膾を吹いた日本の銀行

「羹《あつもの》に懲りて膾《なます》を吹く」とは、古代中国戦国時代の楚地方の詩を集めた楚辞に由来します。羹は煮汁、膾は生肉を細かく切ったもので、熱い汁で口にやけどをしたのに懲りて、生ものまで吹いて食べるようになったという逸話です。

一種のリスク管理とも言えますが、「李下に冠を整さず」のように、思考の結果として無用なリスクをとらないというのとは異なります。手当たり次第用心するという意味で、不確実性下の行動の一つと言ってよいでしょう。経済危機のあとの銀行や企業、個人に、こうした行動が見られます。

バブル崩壊後の日本では銀行貸出が伸びず、「貸し渋り」という言葉が使われました。貸し渋りの背景については、それが銀行という貸し手側の要因によるものか、企業という借り手側の要因によるものか、論争がありました。

貸し手側の要因というのは、不良債権の処理によって自己資本を減らした銀行が、新たなリスクをとることに慎重になったり、高い貸出金利を求めたりするという論理です。借り手側の要因というのは、景気の低迷や不動産価格の下落によって企業の信用度が低下した結果、銀行が貸出に二の足を踏むという論理です。

二つの仮説のどちらが正しいかを検証する実証分析も、盛んに行われました。結局、どちらの要因も効いており、どちらが主な要因かは判別しがたいというのが大方の見方でした。いずれにしても、バブルまでとバブル崩壊後の銀行行動には違いがあり、少なくとも不動産関連の貸出については、しばらくの間、「羹に懲りて膾を吹く」要素もあったと思います。

国債の金利が低いのは「不確実性のわな」のせい？

２０００年代半ばになり、バブル崩壊後の「失われた10年」が終わったあとも銀行貸出はあまり伸びません。株式の持ち合い構造にも変化が見られ、銀行は株式を手放し始めました。その間、貸出や株式に代わり伸びている資産は国債です。

一般的に国債は、市場でいつでも売買が可能で、しかも、最終的に貸し倒れの危険が小さいことから、投資家がリスク回避的になる場合には国債が買われます。株価が大きく下落するなど市場が不安定な時に、資金を国債に振り向ける動きを「質への逃避」と言います。ただ、近年の銀行の国債保有残高の増加は、リスク回避というよりも、貸出の資金需要がないことによる消去法的な側面が強いと見られます。

ケインズは、企業家は、投資の予想利潤率と利子率を比較して投資を決める。しかし、先の読めない状況の中では、市場の心理に大きな影響を受けるようになる。仮に将来に対する悲観が支配的になると、利潤率を低く見積もり、利子率が下がっても投資を行いにくくなると『一般理論』の中で述べています。

過去10年以上にわたって「超低金利」が続く中で、日本の企業の設備投資意欲がなかなか盛り上がらない背景の一つには、日本経済に関する不確実性や悲観論があると考えられます。

他方、不確実性の下で投資に慎重になるというのは、家計も同じです。ほかの先進国と比較して、日本の家計が持つ金融資産に占める現預金の割合は格段に高く、政府は「貯蓄から投資へ」をスローガンに、証券投資に対する税制上の優遇措置などを実施しました。しかし、なかなかその動きに弾みがつきません。

内外の金融危機の結果、保有する株式や投資信託によって多額の損失が発生した家計は、損失回避的になっていると見られます。また、先行き不安から消費にも消極的です。こうした家計の余剰資金が、手元の現金（いわゆるタンス預金）以外は銀行預金となり、銀行はそれで国債を購入しています。いわば、こうした「不確実性のわな」とも言うべき状況の中で、国債金利が低く保たれています。

ケインズは、不確実性の下でも、企業家は手をこまぬいているばかりではなく、ある種の衝動（彼は「アニマルスピリッツ」と呼びます）から行動するとします。いつになればアニマルスピリッツで行動する日本の企業や家計が増えてくるでしょうか。残念ながら、今のところ不確実です。

囚人のジレンマ――他人の行動は読めないもの

マクロ経済や自然災害がもたらす不確実性と異なり、企業経営や日常生活における不確実性の多くが、他社や他人の行動が読めないことから生じます。

携帯電話がなかった時代、待ち合わせはかなりの不確実性を伴いました。渋谷のハチ公前に約束の時間に行っても、なかなか友人が現れません。そもそも約束を忘れているのか、時間や場所を間違えているのか、来る途中で事故か何かに遭ったのか、様々なケースを考えつつ待っていたら、「ごめん、寝過ごしちゃって」と笑いながら近づいてくる友人の顔を見て、次回からは30分時間をずらして来ることにしようと思ったものです。

ゲームの理論は、ジョン・フォン・ノイマンとオスカー・モルゲンシュテルンによって考案された、社会におけるプレーヤー同士の意思決定の仕組みです。

最も有名な例の一つが、「囚人のジレンマ」です。共犯の罪に問われた二人組が、別々の監獄に入れられ取り調べを受けます。黙秘を続けていれば裁判で無罪、自白すれば同じく有罪ですが、相棒が黙秘している間に自白すれば司法取引で即無罪になり、代わりに相棒の刑が重くなります。さて二人はどうするのか。

結論から言えば、両者ともに自白して、いわば共倒れになります。互いの「利得」を示す表を作ってケース分けした上で比較すると、自分のみ自白する場合の利得が、それぞれのケースにおいて高いことがわかります（図表3）。

その結果、二人とも自白し、ともに黙秘するケースに比べ利得は低くなります。各自が自分のために選択する行動が全体としては合理的でないという事例、ごみを選別することなく回収に出す場合のように、しばしば見受けられます。

囚人のゲームは、1回限りかつ相棒の選択がわかりませんが、相手の出方如何によって自分にとって利得が一番高い戦略を選択していくゲームもあります。この場合の戦略を、相手の戦略に対する「最適反応戦略」と言います。よく挙げられる例として、コンビニやファミレス、家電ショップなどの出店戦略があります。

そして、すべてのプレーヤーが最適反応戦略にある場合の戦略組み合わせを「ナッシュ均衡」と言います。ナッシュ均衡とは、ほかのプレーヤーが戦略を変更しない限り、今の戦略

図表3　囚人のジレンマ

A＼B	黙秘する	自白する
黙秘する	(20, 20)	(0, 30)
自白する	(30, 0)	(10, 10)

(　) 内の数字のうち、左側は囚人Aの利得、右側は囚人Bの利得を表す。

を変えても利得を高くすることができない、すなわち自ら戦略を変える動機がない状態です。ちなみに名前の由来になったアメリカの数学者ジョン・ナッシュをモデルにしたのが、２００１年の映画「ビューティフル・マインド」です。

ゲームの理論は応用範囲が広いことから、多くの分野で使われます。先読み、先手か後手か、チキン・ゲーム、最後通牒、瀬戸際戦略など、しばしば耳にする用語の意味を理解する上で非常に役に立ちます。一度、関連書を読まれることをお勧めします。

ちなみに、ゲームの理論で使われる利得のことを「ペイオフ」と言います。ペイオフには清算という意味もあり、最近日本でペイオフと言えば、金融機関が破綻した時、預金保険でカバーされる預金だけを払い出し、残りは後日清算するという意味で使われます。マネーゲームに手を染めた金融機関が破綻したからペイオフということでは、必ずしもありません。

不利な状況ほど一発逆転と起死回生に魅了される

プロ野球の1シーンです。9回裏の攻撃、2対1でこのチームは負けています。ツーアウト、ランナー1塁の場面、代打が出てきました。彼はどっしりした体格、守備が苦手で、同じポジションに走攻守三拍子揃った選手がいる現在、控えにまわっています（ということはセントラルリーグですね）。先発で出場していた時の打率は2割5分台で、ホームランは20本前後でした。

ここで監督としては、確率2割5分でヒットが出ることを期待し、その場合の同点の可能性を高めるため、場合によっては盗塁をさせるでしょう。失敗した時、ファンから罵声を浴びせられ、解説者から後講釈で非難されることを覚悟しながら。

しかし、ファンは違います。ファンが期待するのは、この場面で彼がホームランを打ち、逆転サヨナラゲームとなることです。その瞬間、「やったー、よくやった。大明神、万歳」と叫んで、それまでの鬱憤を晴らします。まるで、この喜びを味わうために今日球場に足を運んだのだと言わんばかりに。監督が考えたようにまず同点では、あとが続かず延長になった場合、帰りの時間を気にしなければなりません。

しかし、現実は違いました。代打の彼はファンの期待に応えようと、ツーストライクに追い込まれたあと、高めの速球をフルスイング、結局空振り三振に倒れました。もともと彼がホームランを打つ確率は、先発時の年間本塁打数20÷（1試合当たりの打数３×出場試合数120）＝５・５％でした。ファンが過大な期待を持ちすぎました。

人間は不利な状況に陥った時、形勢を取り戻すべく、「一発逆転」「起死回生」を狙う誘惑にかられ、実際に行動してしまうことがあります。それまで地道に実績を積み重ねていたとしても。

損することが嫌いな人間が、大きな賭けに出る時

ノーベル経済学賞を受賞したダニエル・カーネマンが、エイモス・トヴェルスキーとの共同研究で明らかにした「プロスペクト理論」が、「一発逆転」行動を説明してくれます。カーネマンらは、不確実な状況の下における人間の判断と意思決定について、実証を含めた研究を行いました。そして、人間が限られた知覚・論理力で意思決定する際のバイアスの存在を

説きました。

18世紀に数学者ダニエル・ベルヌーイが考えたのは、賭けは、期待される貨幣価値（金額）でなく、期待される心理的価値（満足度、効用）で評価されるということでした。カーネマンらが唱えたのは、これをさらに進め、短期的には効用を決めるのは変化、得失であって、富の水準ではないというものでした。しかも、利得（＋）と損失（－）とでは心理的価値が異なるとします。利得と損失の境目となる水準を「参照点」と呼び、これは絶対水準としてのゼロと必ずしも同じではありません。これをプロスペクト理論と言います。

カーネマンらの観察によると、利得と損失の双方の可能性のある賭けの場合、人は損失回避的（＝リスク回避型）になりがちです。例えば、70％の確率で5000円得られ30％の確率で3000円損をする賭け（＝期待値2600円）よりも、50％の確率で3000円得られ50％の確率で得失なしの賭け（＝期待値1500円）の方が好まれるというものです。

前者の70％確率の金額を6000円にするなど、両者の期待値の差を拡大方向で調整していけば、いつか選好の優劣がなくなります。その調整金額が「リスクプレミアム」です。

もう一つ、プロスペクト理論の内容として、損失領域における選択に直面した場合、人は

図表4 局面で異なる心理的な価値

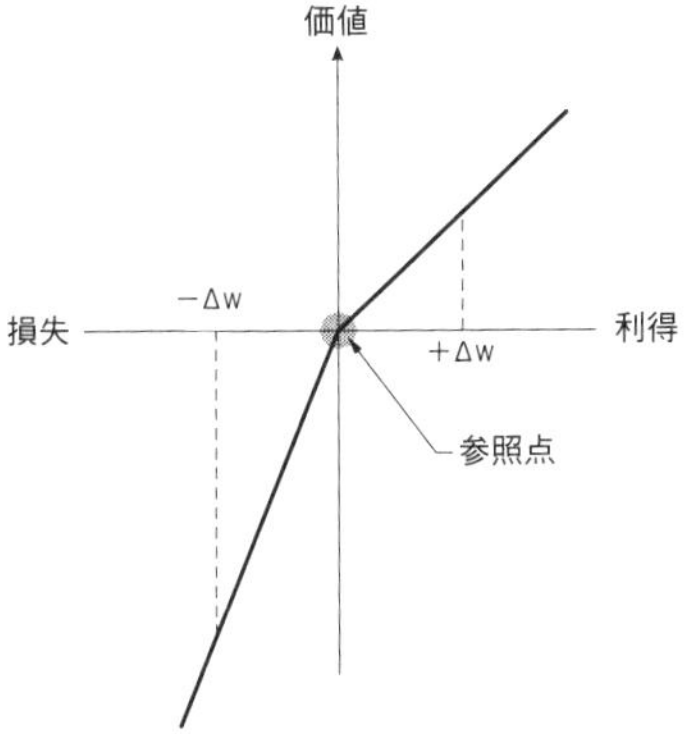

リスクを追求しがちだということがあります。プロスペクト理論における価値関数を描いた時、利得局面に比べ損失局面での傾きが急で、損失が減る（増える）ことによる効用の改善（悪化）が相対的に大きくなります（図表4）。

すなわち、人は痛みを抱える状態から何とか脱したいと思うバイアスが働くというわけです。ギャンブルで負けが込んでいる時、掛け金を増やすという発想です。まさに、野球で言えば「一発逆転」狙い、「起死回生」の一打です。最近増加しているネット詐欺で、被害者は途中から怪しいと気づいても、これまで投じたお金を取り戻すべく契約を続け、結局、被害額が増えてしまうそうです。損失局面での意思決定には、気をつけた方がいいでしょう。

ところで、古代中国の故事で「背水の陣」というものがあります。決死の覚悟で事に当たることと辞書にあります。これも一発逆転の類の発想でしょうか。

この言葉の由縁は司馬遷の史記にあり、漢の劉邦の将軍である韓信が、川を前にして陣を敷き、敵が渡ってくるところをたたくという兵法の常とは逆に、川を背にして陣を敷かせることで、一歩もあとに引けないと兵に覚悟させ、敵を打ち破ったという故事です。韓信の場合、追い詰められてやむを得ずということではなく、リスクを計算の上で敵より先にポジションをとっています。名将韓信のやることは、決して一発逆転狙いではありませんでした。

ちなみに、自分の立場を悪くしてでも強い決意を示すことによって好ましい結果を狙う行動を、経済学では「コミットメント」と呼んで、重要な概念としています。

回収できない費用に執着する「撤退の難しさ」

古来、戦いにおいて最も難しいのは、撤退だと言われます。嵩にかかって攻めてくる敵の勢いをかわしつつ、背中を向けて逃げるというのは並大抵のことではなく、首を討ち取られるのはほとんどが逃げる時のことでした。

撤退が難しいのは、今も昔と変わりません。

第一の理由は、撤退に伴い回収できない費用が発生するからです。生産や事業を止める時、最終的に回収できない費用のことを経済学では「サンクコスト」（埋没費用）と言います。経済学では、サンクコストはどうやっても取り戻せない費用なので、将来に関する意思決定には影響しないと仮定します。なお、設備の減損など特別損失として計上するものだけでなく、既に処理済みの広告宣伝や開発に要した費用もサンクコストに含まれます。

しかし、現実には、サンクコストは「もったいない」という心理を生じさせます。今後も赤字が続くことが予想されながらも、これまで投下した資本が無駄になると思えば、なかなか撤退の決断はできません。

フリーマーケットで、もとの値段にこだわって値切り要求にうんと言わない人は、品物をさばけないと聞いたことがあります。1万円で買った品物を1000円で売る結果、9000円のサンクコストが発生するとなれば、やはりもったいないとの心境なのでしょう。1000円でしか売れないとすればその品物の時価は1000円でしかなく、企業会計では

9000円の減損処理を要します。既に1万円を購入費として処理済みならば、逆に1000円の利益が立ちます。

ちなみに、2004年にノーベル平和賞を受賞したケニアの環境保護活動家ワンガリ・マータイさん（2011年9月に亡くなりました）が、環境を守るための標語としてMOTTAINAIを提唱したことから、「もったいない」は国際語になりました。

サンクコストは金額が大きければ大きいほど、意識の上での重みが増していきます。2009年に民主党政権が誕生してから、群馬県の八ッ場ダム建設工事の中止か継続かを巡る議論が一気に浮上しました。

結局、工事継続が決まりましたが、中止と聞いた時多くの人の頭によぎったことは、これまでに投下したお金は無駄になってしまうのか、ということではないでしょうか。この「もったいない」という心理は、意思決定に重大な影響を与えます。

撤退が難しい第二の理由は、将来のことは誰にもわからないということです。必死に耐えていれば、ほかの企業が撤退し、結果として利益があがるようになるかもしれません。そう思うと何やら期待が膨らみ、赤字継続の確率が高い→不確実→好転の可能性へと、見通しが変化してきます。

企業でも個人でも、悩む時には第三者による客観的なアドバイスを求めた方がよさそうです。ただし、リスク管理の観点からは、どうアドバイスすれば喜ばれるかという感情や利害と無縁な第三者を選ぶことが肝心です。

問題先送りの罪

不確実性が高い中での意思決定として、「問題先送り」があります。眼前の問題を処理することによってリスクを減らすのではなく、午後8時半前後の水戸のご老公のように、「今しばらく様子を見てみましょう」というスタンスをとります。

もちろん、まったく手をこまぬいているわけではなく、「必要に応じ」対応を図ります。政策であれば小出し、兵力であれば逐次投入と言われるもので、水戸黄門で言えば、かげろうお銀に監視させるようなものです。

問題先送りをするのは、様子を見ている間に、情報が増えて意思決定の妨げになる不確実性が減る、情勢が好転する、新たな解決策が見つかるといったことを期待してのことです。

しかし、往々にしてこの期待が裏切られ、多大なコストを出しながら、最終的な処理を迫られることになります。米軍の兵力や意図がつかめなかった太平洋戦争におけるガダルカナル作戦や、長らく工場排水と発病との因果関係が明確でないとしていた水俣病対策のように。

問題先送りの背景を仔細に見ると、第一に、情報収集の不足が挙げられます。すなわち、不確実というのがあくまで主観的な判断であり、客観的に見ると行動を起こすだけの材料があるケースです。政府の対応の遅さを批判するコメンテーターの発言に、この趣旨の指摘がたびたび聞かれます。

さらに、情報はあっても、その解釈にバイアスがかかっている場合があります。行動意思決定論の研究が示すところの「認知のバイアス」です。組織でも個人でも、情報を処理するにあたって、必ずしも合理的・客観的な思考に基づいているわけではなく、自分を正当化する、あるいは自分に都合のいいように解釈する傾向があるというものです。

第二は、やりたくてもできない、資金不足など資源制約があるケースです。いわゆる「ない袖は振れない」ということです。

第三に、意思決定にかかる組織上の問題です。さすがに決定権限のある者が長期間にわたって不在という事態は珍しいでしょうが、上が優柔不断でなかなか決めてくれない、といった話はよく聞きます。会議や相談が長引いて、いつまでたっても結論が出ない状況を「小田原評定」と言います。また、指図する人が多すぎて、迷走したり見当違いの方向に進んだりする、「船頭多くして船山へ上る」ケースもあります。

第四が、問題処理の動機付け、インセンティブが小さい状態です。問題処理には通常コストを伴います。企業であれば利益が減る、政治家であれば業界や住民からの反発を受ける、官庁であれば予算が圧迫される等々です。それにもかかわらず懸案を処理するためには、リスクを減らしたことに対する外部の評価が十分なものでなければなりません。評価をすることなく使命感にだけ訴えても、物事は進まないのが現実です。

「もしも天が崩落したらどうしよう」

杞憂とは、古代中国の杞《き》の国の人が、天が崩落してこないか心配になり、夜もおちおち眠れず、食事ものどを通らなかったという、列子にある故事から、無用な心配、取り越し苦労を指す言葉になっています。杞というのは、戦国時代楚によって滅ぼされた小国で、強国からほど遠いイメージがこうしたたとえに使われたものと思われます。

今でこそハレー彗星の動きは正確に把握されていますが、かつては、夜、日に日に大きくなってくる彗星を見て不安を抱く人々がいました。その当時の科学では、心配になるのも無理はないと思います。このように、無用な心配かどうか、取り越し苦労かどうかは、あとにならないとわからないところがあります。最近の出来事を踏まえると、巨大な地震や津波、原発事故への不安はもはや杞憂とは言えなくなりました。

先のことがわからない不確実性がある時、人はよく「もしも」で始まる問いを発します。もしも天が落ちてきたら？　もしも彗星が地球に衝突したら？　もしも巨大地震が起きたら？　次に、「どうなるか」を想像します。最後に、「どうすべきか」を考えます。この思考は必ずしも一気に行われるものではなく、往々にして途中で止まります。むしろ最後まで行く方が少ないかもしれません。

杞の人の場合、最初の「もしも」の問題提起が無用だと言われたのですが、逆に、なぜそれを考えなかったのかと問われる場面もあります。冬山で雪崩の犠牲となった登山者の家族や友人たちは、「どうして彼は、もしも雪崩が起きたらと考えなかったのだろうか」と嘆きます。しかし、間違いなく事故者は、リスクを認識した上であえてそれをテイクしたのです。何のためかは本人でないとわかりませんが。

ストレステストという思考実験

福島第一原子力発電所の事故が起きてから、ストレステストという言葉をよく耳にします。金融や経済に関心のある方なら、欧米で金融危機が起きて以降、各国で銀行に対するストレステストが行われたことをご存じだと思います。

ストレステストとは、外から一定の負荷がかかった時に耐えられるかどうか、あるいはどこまでの負荷に耐えられるのかを調べるリスク管理の手法です。

対象はいろいろあります。プレハブ住宅の場合、震度や火災温度を試す試験が行われます。自動車では、走行距離や速度、衝突時の衝撃などを試す試験が行われます。よくテレビなどで、金属の部品に圧力をかけていき、どこまでいったら折れるかという映像を見る機会があります。

銀行では、景気が悪くなった時や株価が下落した時、資産の健全性や自己資本がどうなるかをチェックしたりします。原発で行われているストレステストは、従来の安全基準で定められているレベル（想定の範囲）を超えた負荷がかかった時に何が起きるか、大丈夫かどうか、コンピュータを用いてシミュレーションを行い、安全性を確認するというものです。

最近、スマートフォンの利用急増に伴う容量の逼迫から、普段でも通信障害が発生するケースが続いています。実施されてはいると思いますが、負荷に対する設備の耐久性を確認する意味で、事前のストレステストが有効になります。

ストレステストは、最近になって人口に膾炙《かいしゃ》するようになった言葉ですが、リスク管理の手法としては基本的なものです。日常でも、「万一」のことを考えて、保険に入ったりします。

機械や設備ではなく、「経営」そのものに関してストレステストを用いることは銀行以外あまりありませんが、企業経営を巡るリスクがこれだけ高まっている時代、経営そのものについてもストレステストを行うことは、非常に有益なことです。

ストレステストでは、まず「もしも」の中身を決めます。これをストレス事象とかストレスシナリオとか言います。次にその影響を調べます。最後に対応を考えます。杞憂の節で取り上げた「もしも」以下の一連の思考過程そのものです。

ストレステストというと難しく考えがちで、わが社にそんなものが必要かというふうになりがちですが、ごく日常のこととして実施できます。「もしも」の中身は、初めからそんなに詰めて考える必要はなく、さしあたって喫緊のもの、直感的に重要だと思うものからで構いません。最大取引先のA社が万一倒産したら、といった感じです。

テストに慣れてくれば、発想を広げてください。そのうち、ストレス事象をいくつかに分類し、整理することによって、漏れを見つけることができるようになります。

ストレステストに対する経営者の反応としてこれまで聞いているものに、次のようなものがあります。

「そんな弱気でどうする」

「皆で気合を揃えてプロジェクトを推進しようとしている時に、冷や水をかけないでくれ」

「それで、どうしろと言うのだ。何か良策を持っているのか」

経営におけるストレステストは、製品に対する科学実験と異なり、一種の思考実験です。直ちに対応なり判断が求められることもありますが、必ずしもそうでない場合もあります。

しかし、社内の業務プロセスの中に正式に位置づけることで、問題意識の共有なり新たな

「気づき」が生まれれば、それだけで意味があります。今は、杞憂が杞憂でなくなるリスクの時代、変化の時代です。

内に「保有」したリスクを吸収するのが自己資本

リスクは、どんなに避けようと思っても避けられない時があります。リスクが現実のものとなり損失が発生したらどうやって穴埋めするか、それがリスクファイナンスの問題です。

企業活動において、リスクが発生しないということはまずあり得ません。ライバル企業が新製品を出し自社の売り上げが落ちるリスク、天候が不順で原料の価格が高騰するリスク、工場が火災に遭って損害が出るリスク、取引先が倒産して貸し倒れが発生するリスク、金融が引き締められて借入金利が上がるリスク、コンピュータに不正アクセスされデータが改竄されるリスク……数え上げたらきりがありません。

ナイトが、利潤を「不確実性の下で意思決定する企業家への報酬」と定義したように、企業とは、リスクをとって対価を得る存在と言ってよいでしょう。

こうしたリスクの中には、保険やデリバティブを使って外部に「移転」できるものもありますが、多くは内部で「保有」します。リスクの結果として生じる損失のうち、事業活動に伴って通常発生するものは、本来商品やサービスの価格に反映させ、予想外の損失は自己資本で吸収します。

もっとも、予想されるものと予想外のものの区別は現実には流動的であり、かつ予想される損失の価格への転嫁が進まない可能性もあります。一般論としては、不確実性の高い事業や事業環境では、より厚めの自己資本が求められます。

よく、財務基盤強化のために増資するという話を聞きます。かつて、金利の上昇リスクを考えて借入（デット）を株式（エクイティ）に置き換えるという時代もありましたが、今は、損失吸収のバッファーという自己資本本来の目的と、金融市場が動揺した時、社債などの発行が難しくなるという流動性リスクへの対応から、株式を発行するケースが増えています。それだけ、企業経営を巡る不確実性が高まっているということでしょう。

住宅購入はプロジェクトファイナンス

家計にとって最大の投資案件は、洋の東西を問わず住宅の購入です。日常の買い物と異なり、マイホームを持つ喜び、すなわち「効用」が大きい反面、多額かつ長期の借入金を抱え、返済負担がずしりとのしかかります。日常生活の一部とは言いつつも、どこか普段の家計簿の世界と違うという感じを持ちます。

会社の事業全体と切り離して、特定の事業のみでファイナンスを考える「プロジェクトファイナンス」という手法があります。例えば、ある不動産の開発にあたって、その事業に特化した会社を作り資金を調達、返済資金はその事業からあがる収入のみに依存し、本体の会社には責任が及ばない、その代わり資金の出し手にとってリスクが大きい分金利も高いというファイナンスです。

住宅購入もこの発想で考えてみてはどうでしょうか。もちろん、あくまで家計の中だけの仮想ファイナンスです。まず、住宅プロジェクトのバランスシートを作ります。資産は住宅、負債は住宅ローン、資本は自己資金です。このプロジェクトは、毎月、家計本体に対し住宅サービスを提供する対価として、ローン返済プラスαを受け取ります。アルファ（α）とは、減価償却部分に対応するもので、これがなければ将来の修繕・建替えが困難になるので、積み立てます。ほとんどの分譲マンションでは、この目的のための積み立て制度があります。

実は、GDP（国内総生産）統計上、持ち家が提供する住宅サービスへの対価は、借家の家賃をもとに推計され、「帰属家賃」として個人消費にカウントされています。

プロジェクトファイナンスはリスクが大きい分金利も高いと言いましたが、最近は、家計における住宅プロジェクトを巡るリスクも高まってきました。かつてのように不動産の値上がりは見込めず、むしろ値下がりリスクを考えなくてはいけません。家計本体から受け取る対価も、雇用や収入が不安定になるとともに、毎月きちんと入るかどうかリスクが出てきました。借入時は「超低金利」でしたが、将来的に金利が上がる可能性は十分あります。

したがって、企業経営と同じくこの住宅プロジェクトにおける自己資本も厚めにする必要があります。住宅の購入については、家族の構成や年齢の問題から自ずと決断のタイミングがありますが、不確実性が高まっていることを思えば、自己資金に十分な余裕を持つことが望ましいと言えます。

歴史コラム6　ヒトラーの一発逆転狙い――アルデンヌの戦い

アルデンヌの戦いとは

１９４４年6月、ノルマンディー上陸作戦を成功させた連合軍は、8月末までにパリを解放しました。その後、補給路が延びた連合軍の進撃は徐々にペースダウンしましたが、連合軍兵士の間では勝利に対する楽観論が広まり、クリスマスまでには戦争が終わり帰国できるのではないか、といった観測すらささやかれました。

ベルギー南部のアルデンヌ高原の森の中からドイツ軍の重戦車が現れたのは、そうした状況の下でした。１９４４年12月16日早朝のことです。ドイツ軍の反撃をまったく予想していなかったアメリカ軍の戦線は、簡単に突破されました。この地域は、戦車を重視するドイツ軍が使うルートではないとの判断から、アメリカ本土から来て間もない新兵中心の部隊や、これまでの戦闘で損害を出し立て直し中の部隊が多く配置されていたのです。

さらに降雪をもたらす悪天候が、連合軍の航空機の出動を妨げました。これに対しドイツ軍は、部隊の集結や天候予想などの作戦準備や情報統制に細心の注意を払い、完全な奇襲に成功しました。

　ドイツ軍の作戦は、時計回りに最大200キロ北上し、連合軍の補給基地である港町アントワープを目指すとともに、その東側にいる連合軍を包囲殲滅するというものでした。機甲師団を中心に、第一線だけで20万の兵力が投入されました。作戦開始から数日経ったクリスマス・イブの頃には、最も前進した箇所で50キロほど進出し、南北に伸びた連合軍の前線の中に、巨大なドイツ軍の突出部（バルジ）ができました。その中でバストーニュの町では、アメリカ軍1個師団がまるまる敵中に孤立していました。

　しかし、その頃になると天候が回復し、連合軍の戦闘機や戦闘爆撃機が大挙出動、ドイツ軍の車両を攻撃し始めました。ドイツ軍は深刻な燃料不足にも悩まされ前進が不可能となり、地上での連合軍の反撃が始まるとともに後退を余儀なくされました。ドイツ軍の損害は、死傷者・行方不明者8万人以上、車両1000台近くに及びます。連合軍も、それに近い損害を出しています。

一発逆転狙いの作戦

このアルデンヌの戦いにより、連合軍のドイツ侵攻は遅延を余儀なくされましたが、一方のドイツも、大きなダメージを被りました。なけなしの戦車や武器、兵員を大量に失った結果、連合軍の進撃を食い止める余力を喪失し、1945年4月にベルリンが陥落、ヒトラーは自殺しました。

この作戦は、ヒトラー自らによって発案されました。大量の人員車両を一気に投入して長駆アントワープを目指すという内容に、多くの司令官が驚き反対したと伝えられます。あまりにもリスクが大きいからです。ヒトラーは、文字通り起死回生、一発逆転狙いでこの作戦を立てましたが、連合軍に制空権を支配されていることや燃料が不足している状況下、合理的な判断をする人間ならすぐに失敗を確信しました。

伝統的な経済学が合理的な人間を仮定するのに対し、行動経済学では、人間は必ずしも合理的な判断をしない存在であるとします。不確実な状況の下での行動を示すプロスペクト理論というものがあり、これは、損失領域の効用（満足度）の変化の度合いは、利得領域のそれより大きいというものです。

ギャンブルでたとえれば、より勝とうとする気持ちより、少しでも負けを減らそうとする気持ちが強く働き、負けが込んでくるとなかなかやめられない、それどころか一発逆転を狙いにいく、というものです。まさにヒトラーの作戦がそうでした。

大きな非合理的判断の下での個別リスク管理の効果には限界がある。アルデンヌの戦いの教訓です。

歴史コラム7　撤退の難しさ——八甲田山雪中行軍遭難事件

時代の「影」

明治35年（1902年）1月、青森県八甲田山で雪中行軍中の日本陸軍歩兵199名が遭難死する事件が起こりました。当時、大陸の権益を巡る日露間の緊張が極度に高まっており、雪中行軍は、厳寒地での戦闘を想定して実施されました。

戦前は日本陸軍の不名誉な話でもあり、長く事件が伝えられることはありませんでしたが、戦後、地元の研究者による丹念な取材や記録が続けられました。さらに、新田次郎が小説化（『八甲田山死の彷徨』新潮文庫）したことにより、事件は一躍知られることとなりました。小説はさらに映画化され（「八甲田山」）、ある年代以上の方であれば、小説か映画のどちらかを通じてこの悲劇をご存じだと思います。

この事件の画期的なことは、遭難した部隊とほぼ同じタイミングで、逆のルートを辿って無事に生還した部隊があるという事実です。そのため、よく両者が比較され、危機管理やリーダーシップの教材に使われます。映画では、遭難した部隊を率いたのが北大路欣也さん演じる神田大尉で、生還した部隊を率いたのが高倉健さん率いる徳島大尉です。ただし、新田次郎の作品はあくまで小説であり、史実と異なる点があります。名前も神田大尉のモデルになったのは神成大尉、徳島大尉のモデルになったのは福島大尉です。

遭難の経緯

現在までに確認されている事件の概要は、以下のとおりです。明治35年（1902年）のことです。

1月23日　弘前第8師団青森歩兵第5連隊210名が、1泊2日もしくは2泊3日の行程で八甲田山の雪中行軍を実施するため、駐屯地を出発。しかし、途中から天候が急速に悪化、積雪量も増加するにつれ行軍スピードが著しく低下した。結局、位置不明のまま雪中に露営。

1月24日　行軍を中止し帰営を試みるが道に迷い、鳴沢と呼ばれる地域から一歩も出られないまま、死者、行方不明者が続出。

1月25日　遭難状態が続き、部隊は統制を失う。死者、行方不明者多数。この日神成大尉が、映画のコマーシャルで有名になった「天はわれらを見放した」のもとになる絶望の言葉を吐いたとの証言がある。

1月27日　救助隊が生存者の一人を発見し、本部が事態を把握。

1月29日　弘前歩兵第31連隊38名が、青森第5連隊の捜索隊が駐留する田茂木野に到着した。彼らは、青森連隊出発3日前の1月20日に弘前の駐屯地を出発し、十和田湖の南岸を回ったあと、三本木（現十和田市）を経て、八甲田山を踏破してきた。途中青森連隊の遭難現場を通過している。

1月31日　弘前連隊全員が駐屯地に帰営。青森連隊の生存者7名救助。

2月2日　青森連隊の生存者3名救助。同連隊210名中、生還者は11名。

青森連隊遭難の原因について、当時陸軍は主に天候要因を挙げています。いわば「想定外」のことでいたし方ないというのです。たしかに当時、北日本に記録的な寒波が襲来し、1月25日に旭川でマイナス45度という驚異的な低温が観測されています。ただし、この条件の下で行軍したのは、弘前連隊も同じです。

「ロスカット」の難しさ

諸研究が指摘する青森連隊の問題点は、以下のとおりです。

第一は、大人数の組織編制がもたらしたコミュニケーション問題です。中核部隊はありましたが、全体に寄せ集めで、指揮命令系統が必ずしも確立されていませんでした。

第二は、リスク認識の不足です。雪中行軍に伴うリスクを十分に洗い出し、周到に準備、計画しておく配慮が足りませんでした。結果として、不十分な防寒装備のまま行軍に参加した兵士が少なからずいました。また、弘前連隊が常に地元の案内人を同行させたのに対し、青森連隊には案内人がいませんでした。なお、連隊が八甲田山中に入る前、地元の村人が、「旧暦の山ノ神の日（1月24日）は必ず山が荒れるから行軍を止めた方がいい、どうしても行くなら案内人をつける」と言うのを断ったとの記録があります。

第三は、行動に関する個別の意思決定です。2日目にまだ真っ暗な午前2時半に出発して方角を見失ったり、一旦行軍を中止し帰営し始めたのを再び目的地に向け引き返したりと、文字通り迷走しました。1日目に天候急変を受けて軍医が帰営を進言したにもかかわらず、幹部が行軍続行を決めた判断は、とくに悔やまれます。

計画を途中で切り上げ、事態がさらに悪化することを防ぐことは、それまでかけたコストを無駄にし、仮に続行すれば得られたかもしれない果実をみすみす失うことになります。投資で言えば、「損切り」とか「ロスカット」と言われるものです。この判断が難しいことはよく知られており、体面を重視する軍においてはなおさらです。ちなみに、立見第8師団長は、事件後の談話で次のように述べています。

「大体軍人は早く退却したという誹《そし》りを受けるよりは進みすぎたという誹りの方を甘んずるから大隊長の見込み次第で行軍させることもあるが、兵士を皆殺しにしてはいけない」

時機を失することなく損切りの判断を容易にする方法は、事前にある程度のルールなりコンセンサスを議論して固めておくことです。その場での議論では、心理的なバイアスが加わり、必ずしも合理的な判断ができるとは限りません。

トムラウシ山の遭難事故

2009年7月、八甲田山の事件を想い起こさせる山岳事故が北海道で起きました。大雪山系のトムラウシ山を巡る縦走をしていた中高年のツアー登山客による大量遭難事故です。

事故の経緯と教訓は、『トムラウシ山遭難はなぜ起きたのか』（羽根田治ほか著、山と溪谷社）に詳しく書かれています。登山は、青森連隊と同様、2泊3日の行程で、2日目から天候が悪化しました。雨と強風に悩まされ、3日目に予定されていたトムラウシ山（標高2141m）の登頂は断念しましたが、疲労や体調不良で動けなくなる人が次々に現れました。ビバークをしてそのまま亡くなる人も出て、結局、18人中、ガイドを含む8人が死亡しました。

事故の原因としては、緯度の高い北海道の高山や当日の天候に対する認識の甘さ、強風の影響や低体温症など健康面の知識の不足、ガイドによる参加者の能力の把握やガイド間のコミュニケーションの不足、参加者間の装備着用のばらつき、引き返しや退避行動の判断の遅れなど、複数挙げられています。

著者の一人は、ガイドの判断ミスが致命的だったとしながらも、重要なのはそれをもたらした要因であり、ツアーであるが故の行程遵守のプレッシャーや、山のリスクに対するツアー会社の認識不足があると指摘しています。

行程を変更すること、とくに、トムラウシ山登山という本来の目的を早々にあきらめることには強い抵抗感が働きます。リスク管理の要諦の一つは、早めのロスカットであり、それを可能とする環境の整備です。二つの事件は、時を隔てて同じメッセージを我々に伝えてくれます。

第　5　章

「想定外」は誰のせい？

なぜ「想定外」が現実に起こってしまうのか

東日本大震災や福島第一原発事故を契機に、「想定外」という言葉をよく聞くようになりました。想定外とは、どのような状況を言うのでしょうか。

この点、畑村洋太郎博士は、『「想定外」を想定せよ！』（ＮＨＫ出版）の中で、次のように述べています。

「人間は何かものを考えようとする時に、これについて考えるという領域を決める。この領域を区切る境界を作ることが想定だ」

「プロジェクトでは、各自が勝手に境界線を引くわけではなく、皆が納得するように、制約条件の仮定をおく。すなわち、様々な制約条件を加味した上で境界を設定することが、想定だ」

「したがって、その範囲を超えた領域である『想定外』は起こりえないのではなく、確率は低いかもしれないが、起こる可能性はある」

「起こる可能性が確率的に０％でない限り、起こる時には起こる」

今回の大震災や原発事故を考えると、非常に説得的です。安全対策の性格上「想定外」は考えにくい事象のはずですが、現実には起きてしまいます。

中央防災会議「東北地方太平洋沖地震を教訓とした地震・津波対策に関する専門調査会」の報告（2011年9月28日）では、次のように述べています。重要なので、少し長くなりますが、引用します。

「今回の災害は、地震の規模、津波高・強さ、浸水域の広さ、広域にわたる地盤沈下の発生、人的・物的被害の大きさなど、いずれにおいても中央防災会議の下に設置された専門調査会がこれまで想定していた災害のレベルと大きくかけ離れたものであった。従前の想定に基づいた各種防災計画とその実践により防災対策が進められてきた一方で、このことが、一部地域において被害を大きくさせた可能性もある」

「これまで、我が国の過去数百年間に経験してきた最大級の地震のうち切迫性の高いと考えられる地震を対象に、これまで記録されている震度と津波高などを再現することのできる震源モデルを考え、これを次に起きる最大級の地震として想定してきた。その結果、過去に発生した可能性のある地震であっても、震度と津波高などを再現できなかった地震は地震発生の確度が低いとみなし、想定の対象外にしてきた。今回の災害に関連して言えば、過去に発生したと考えられる869年貞観三陸沖地震、1611年慶長三陸沖地震、1677年延宝房総沖地震などを考慮の外においてきたことは、十分反省する必要がある」

これを読むと、「想定」と対策との関係やモデルの限界などがよくわかります。

自信満々のプロポーズが断られるのも「想定外」

一方、日常生活において、実際に言葉に出すかどうかは別にして、「想定外」と感じる事態はよくあります。その場合、「サプライズ」に近い意味になります。

例えば、自信満々で彼女にプロポーズしたところ、彼女から結婚の意思はない旨を告げられショックを受けたJさん、彼女の返事は「想定外」でした。想定外とは、予想や当てがはずれた、前提や仮定が崩れた、計算が違ったなど、いろいろなケースで使われます。

多くの場合、問題はなぜ「想定外」の事態になったかということです。「想定外」が生じるのは「想定」そのものに問題がある場合が多く、それにはいくつかのパターンがあります。

一つは、「思い込み」です。過去の成功体験や偶然の積み重ね、その他何らかの理由で、必ずしも常に通用するとは限らないすり込みが形成されているケースです。３回通っただけの場所なのに、いずれも車で30分以内にたどり着けたあとでは、30分までが「想定」された時間となります。そして、４回目は渋滞に巻き込まれ50分かかり、予定の時刻に間に合わなかったとしたら、「想定外」となります。

第二は、希望的な観測です。「そうあって欲しい」が、いつの間にか「そうあるべきだ」に変化することはよくあります。女の子２人の父親が、今度こそ男の子をと期待して、名前を「雅治」にしようか「ケンイチ」にしようかなどと考えながら待合室で待っています。結果、また女の子と告げられた彼が、まったく根拠がないにもかかわらず、「想定外」と思ってしまうのはなぜでしょうか。

第三が、思考停止です。思うことがはばかられる、恐れ多い、見たくない、考えたくない、いろいろあります。江戸時代、跡継ぎなく当主が亡くなると、お家が断絶の危機を迎えました。皆それがわかっているので、なかなか子が生まれない場合、側室を迎えるか、奥方を離縁して新しい奥方を迎えるか、養子を迎えるか、悩んだことでしょう。

いずれにしても、最初の切り出しのタイミングは難しく、それを間違えると、「余に子ができぬと申すか」「私に子が生めぬと申すのですか」と著しく感情を害されることになります。そのため、しばらく考えないことにしているうちに、流行り病で当主が亡くなるという「想定外」の事態があったはずです。

第四が、想像力の不足です。かつて、屋上に明かり取り用の天窓がある小学校の校舎で、男の子がそれに乗ってどんどん足踏みをしたところ窓が崩落したという事故がありました。たしか、普段屋上を使うことは想定されていなかったと思いますが、関係者からは、「まさかあれに乗って遊ぶとは」というコメントが聞かれました。子供、とくに男の子が時に思いも寄らぬ行動、意味不明かつ不規則な行動をすることは、観察していてわかります。ランダムウォークまたはドランカーズウォークです。こうした事故を防ぐには、安全対策上想像力をたくましくする必要があります。

さて、彼女にプロポーズして断られたJさん、以上の四つのパターンのどれに当てはまるでしょうか。ショックが和らいだ頃、Jさんがそのことを考えるかどうかが、また同じ失敗を繰り返すかどうかの分かれ道になります。

ブラック・スワンを発見した人々の衝撃

２００７年半ばアメリカのサブプライム問題が注目されてから今日の欧州債務問題に至るまでの「金融危機」は、多くの人にとって「想定外」の事態と思われました。想定していたなら、値下がりする証券や株式をそれ以前に手放していたでしょうし、政策当局も手を打っていたはずです。

そうした中、評論家でありトレーダーであり大学教授でもあるナシーム・ニコラス・タレブが書いた『ブラック・スワン』（望月衛訳、ダイヤモンド社）が世界的なベストセラーになりました。

18世紀にオーストラリアで黒いスワンが発見されるまで、旧世界の人々はスワンと言えばすべて白いものだと思い込んでいました。そのエピソードをもとに、タレブは、普通は起こらないこと、とても大きな衝撃があること、そして事後的には予測が可能であったように語られる事象のことを「ブラック・スワン」と呼びました。

タレブは、経験的知識や統計的知識の限界を強調し、「普通の事象は普通の事象で予測できるが、異常な事象はちょっと過去を見ただけではまず予測できない」と述べ、ブラック・スワンの領域にはできるだけ足を踏み入れるなという否定形のアドバイスを送ります。

もちろん、金融市場への投資をいっさい控えろというような極論ではなく、過去のデータや、真偽がわからない確率分布に基づいて算出されたリスク量でリスクを評価してはいけない。ブラック・スワンの領域では過剰にエクスポージャー、すなわちリスクにさらされている部分を持ってはいけないという意見です。

彼は著書の中で、時代劇のチャンバラシーンのように、高名な学者や当局者をばっさり斬り捨てていくので、読んでいて痛快です。斬られる中には「中央銀行職員」もあり、OBとしては複雑ですが。

金融危機を経験した今となっては、タレブと彼以外の意見の違いは、以前に比べてだいぶ小さくなっています。リスクを考える上でのバリュー・アット・リスク（VaR）手法の限界は誰もが痛感しましたし、これを補うものとして、実務家の間ではストレステストの必要性があらためて認識されています。

なお、ストレステストについてタレブは、過去のデータに基づいた仮定でストレステストをやってもリスクはわからない、なぜやるのかまったくわからないとこき下ろしています。本書の第4章でストレステストを取り上げましたので弁明しますと、ストレステストはリスクを測るというより、あるストレスの下での、例えば経営なり機械なり金属なりの耐久性を確認する手法であり、そこがリスクの限界だということでは決してありません。

中央銀行職員のうち『ブラック・スワン』を読んだことのある人のパーセンテージを国際比較すれば、そこには何らかのインプリケーション（含意）があるかもしれないと興味をそそられる書物でした。

バブルを発生させる人間の心理的側面

タレブはエッセイ（『強さと脆さ』望月衛訳、ダイヤモンド社）の中で、ブラック・スワンは伝統的なやり方で予測するよりも必然的にずっと起こりやすいというのが私の主張だ、というのは誤解であると述べています。

ほとんどの場合、ブラック・スワンは「起こりにくい」が、起こった場合の影響がとても大きいのだと述べています。しかし、金融危機とかバブルの崩壊とか言われるものは、過去滅多にない現象というより、もはや頻繁に観察される事象になりつつあります。

バブルとその崩壊として有名なものに、17世紀のチューリップ・バブル、18世紀の南海泡沫事件、1929年の暗黒の木曜日などがあります。

そして、1987年のブラックマンデー以降も、1997年のアジア通貨・金融危機、1998年のロシア危機とLTCM（当時アメリカで代表的なヘッジファンド）の破綻、2001年のドットコム・バブルの崩壊、そして今回のアメリカでの住宅バブルの崩壊とその後の危機と、たて続けに起きています。

こうした中、バブルをテーマにした書物がたびたび出版されています。例えば、アメリカの経済学者ジョン・ケネス・ガルブレイスは、ブラックマンデーのあと、過去の様々なバブルを検証して『バブルの物語』（鈴木哲太郎訳、ダイヤモンド社）を書き、市場に「神話」が形成されることと、金融によるサポートでレバレッジが形成されることの二つが揃った時、バブルが発生するとしました。

ほぼ10年後、同じく経済学者のロバート・J・シラーは、2000年のドットコム・バブル崩壊直前に『根拠なき熱狂』（植草一秀監訳、沢崎冬日訳、ダイヤモンド社）を出版し、当時の株式市場は「投機バブル」の典型的な特徴を備えており、今後長期にわたって、低調どころか危険とさえ言えるパフォーマンスが予想されると警告しました。多くの投資家は自分で適正株価を見つける努力をせず、「ただ乗り」しているだけである、そして一方的に株価が上がると決めつけるような行動をとっているとしました。

ちなみにシラーは、2005年に出した第2版の中で、不動産市場に関する章を新たに加え、1890年まで遡った住宅価格指数を紹介しています。今日その後進である「S&Pケース・シラー住宅価格指数」は、アメリカの住宅価格の動向を示す有力な指標として使われています。

シラーは、投資家一人ひとりができる限りの情報を使って合理的に判断する結果、金融市場で形成される価格は金融情報を効率的に取り込んでいるという、従来の支配的な説、「効率的市場仮説」に疑問を呈しました。彼は、株式市場の分析にあたって、経済学、心理学、人口統計学、社会学、歴史学など幅広い分野の知見を参考にし、とくに、行動経済学のファイナンス分野への応用である「行動ファイナンス」の理論からかなりの論拠を得たとしています。

バブルの生成と崩壊が繰り返される金融市場の特質を理解しようとする試みは、心理学の応用以外にも、数学や物理学の分野からのアプローチもあります。それが「複雑系」の科学です。

蝶の羽ばたきが嵐を呼ぶ

この見出しは、人気グループ「嵐」のメンバーが蝶に魅了されたという話ではありません。カオス理論の有名な「バタフライ効果」と言われるものです。

最近放映されて高い視聴率をとった番組「ＪＩＮ―仁―」は、バタフライ効果がモチーフになっています。大沢たかおさん演じる主人公は脳外科医ですが、ある日正体不明の患者を手術したことがきっかけで幕末にタイムトラベルし、坂本龍馬や緒方洪庵、勝海舟らに出会います。そして、周囲の怪我人や病人を見捨てておけず、いつしか医療行為を行うようになり、名医との評判を得ます。

ある日、彼は、現代にいる時、恋人（中谷美紀さん）から「蝶の羽ばたきが地球の裏側で台風を引き起こす」事象の名前を訊かれたことを思い出します。そして、自分がこの時代において医療行為を行うことはその人の運命や歴史を変えてしまうのではないかと悩みます。しかし彼は……。ご覧になっていない方は、ぜひレンタルでご覧ください。

バタフライ効果は、1960年代、エドワード・ローレンツというアメリカの気象学者が、コンピュータによる気象シミュレーションを行っている最中、初期条件に用いるごくわずかなデータを変えるだけで気象が大きく違ってしまうことに気づいたことで、発見されました。

引用する人によって蝶と嵐の場所が異なり、ある時は「ブラジルの蝶とテキサス（あるいはカンザス）の嵐」、ある時は「北京の蝶とニューヨークの嵐」であったりします。バタフライ効果は、複雑すぎて先が読めない現象を扱うカオス理論を説明するものとして使われます。カオス理論は、スティーブン・スピルバーグ監督の「ジュラシック・パーク」（1993年）の中でイアン・マルカムという数学者が話していたことから、ご記憶の方も多いと思います。

このカオス理論を含む「複雑系」と呼ばれる研究分野があります。1980年代後半から脚光を浴び、自然科学、社会科学を問わず様々な分野での応用が期待されましたが、経済や金融市場に関しては、なかなかその考え方が定着しませんでした。ところが、最近の金融危機を経て再び注目されるようになっています。

木を見ず森を見ろ

複雑系とは、ニュートン力学に基づき、りんごが木から落ちる現象も天体の運行も等しく説明できる、すなわち予測できるのと対極の関係にあります。一つひとつ無関係にあるいは一定の法則で動いているものが、相互に影響しあうことによって、全体として大きな動きになる、あるいは大きな様相を呈するという世界です。しかも、それには切れ目があるわけではなく、次々に広がります。

たとえとして、「砂山の一粒」が使われます。砂粒をずっと落とし続けると山ができ、しかし途中から部分的に崩落が起きるようになり、ついに大きく崩れて山が一気に低くなります。しかしさらに砂粒を落とし続けると、こうした現象を繰り返しつつ、いつしか大きな山になります。そしてさらに、の繰り返しです。

カオス理論以外にも、複雑系の特徴に着目した様々な呼び名や研究分野があります。まず複雑系は、文字通り「非線形」を扱う分野です。一つひとつは無秩序のものが集まって秩序だったものを形成する「自己組織化」も複雑系です。脳神経の特性を示す数学システムであるニューラル・ネットワークのような「システム系」も関係します。そして、大地震や金融市場における暴落のように、頻度は少ないけれど影響が大きな事象が発生することを説明するものとして、「フラクタル」と「べき乗分布」があります。

フラクタルは、フランスの数学者ブノワ・マンデルブロが導入した幾何学概念で、部分と全体が自己相似になっている図形です。海岸線を上から下に細かく見ていくと、上から見た時の大きな海岸線が再現できる、あるいはその逆も言えるという例が使われます。

マンデルブロは、金融市場の価格変動にも同様な自己相似が見られると言います。さらに、フラクタルである金融市場や地震のような事象を観察すると、頻度が大きさの乗数倍と反比例する「べき乗分布」に従うとする数々の研究があります。例えば、大きさが２倍になると、頻度（確率）が４分の１になるといった具合です。

このべき乗分布の特徴は、「スケール」の概念がないということです。これは、金融リスクを含む多くのリスクを表現したりコントロールしたりするのに使われる「正規分布」の概念とは異なります。正規分布では、平均のまわりに多くのデータが集まる左右対称の「釣り鐘型」となっており、そのばらつきが標準偏差です。平均を中心に考えることで、先行きもある程度予測できますが、べき乗分布を仮定すると、予測が難しいということになります。

ここまで来ると、やはり複雑系と言われるものは実用的ではないと思われるかもしれませんが、その考え方は極めて示唆に富んでいます。とくに、正規分布の仮定の下では、ごくわずかな確率として無視されてしまう部分についてです。

一つは、今の変化は小さい、もしくは一定の範囲内に収まっているように見えても、いつか「臨界状態」に達し、これまでに比べはるかに大きい影響が発生する、時にそういう可能性を考える必要があることです。

例えば、大きなシステム障害が発生していない状態を指して「安定稼働」していると言いますが、ゼロリスクがない以上、過去は何ら未来を保証するものではありません。これまでなかったということは「そろそろ」起きてもおかしくないという発想で、障害対応の確認・精査を行う必要があります。

ただし、物事がランダムに起きることが明らかである場合は、「そろそろ」の考え方は間違っています。コインの裏表のゲームや乱数を用いたスロットマシンで遊んでいて、過去10回はずれたから「そろそろ」当たるとゲームを繰り返すうちに当たったとしても、それは「たまたま」です。「ギャンブラーの誤謬」と呼ばれるもので、当たる確率は、その人の10回を含む過去1万回まで遡ればより理論に近づいてくるでしょう。賭け事に深入りは禁物です。

二つ目は、物事を大局的に捉えることです。福島第一原発事故について言えば、地震や津波の規模を過去に遡ると貞観地震にまでたどり着いていたわけですから、少なくともわかった範囲までは視野を広げることが必要だったのでしょう。スケールの概念のない世界ではどこまで想定するか難しいところですが、同種の事例を時間や空間を超えて探す努力をすることによって、さしあたっての「最悪」の事態を想定することは可能です。

重要なことについて、私たちはとかく細部にこだわりがちですが、同時に「木を見ず森を見る」姿勢も必要となります。

家の前にマンションが建つとは考えもしなかった……

日常生活にも、滅多にないけれども起きたら大きな影響を及ぼす事態、「ブラック・スワン」が存在します。思ってもみなかったことで生活環境が一変するような事態です。

Kさんの家の並びは、すべて戸建て住宅です。ある日、道路を挟んだ向かいの空き地にマンションが建つことを知り驚きました。そんな、ここは低層住居専用地域のはずではと思ったのですが、訊いてみると道の向こうは用途地域の指定が違っていました。マンションが建つことでKさん宅の価値が下がるかどうかはわかりませんが、目の前の視界がふさがれ、Kさんにとって自宅の「効用」は大きく落ちることになりました。

この章に登場したJさん、彼女にプロポーズして断られたことは「想定外」でした。あり得ないと思っていたことで多大なショックを受けたので、彼にとっては彼女の返事がブラック・スワンだったでしょう。そこでは、「想定」の誤りとして、思い込み、希望的観測、思考停止、想像力の不足の四つの可能性を挙げましたが、こうした勝手な思い込みや根拠のない楽観はなぜ起きるのでしょうか。

前述した行動経済学者のダニエル・カーネマンとエイモス・トヴェルスキーは、人々の必ずしも合理的とは言えない行動の根拠を「ヒューリスティクス」に求めました。ヒューリスティクスとは、簡便な問題解決法、すなわち「近道選び」のことです。不確かなことについて判断する時、面倒な計算や思考をすることなく「とりあえず」で済ませてしまうことです。

2人は様々な実験の結果、ヒューリスティクスについて、①わずかな事例、典型的な事例で判断してしまう「代表性」のヒューリスティクス、②思い浮かびやすいこと、簡単に手に入る情報で判断する「利用可能性」のヒューリスティクス、③既にある情報で判断する「係留」(アンカー)のヒューリスティクスという三つのタイプを見出しました。

さて、目の前の空き地にマンションが建つと聞いて「寝耳に水」とばかり驚きがっかりしたKさんの場合、マンションが建つことはないと思っていた根拠が、自宅の周囲が戸建て住宅ばかりという事実にあるとしたら「代表性」、自宅を購入する際のチラシの低層住居専用地域という記述にあるとしたら「利用可能性」、ここに来てからずっと目の前の視界が開けていたからだとしたら「係留」の、それぞれヒューリスティクスに当たります。

こういう「想定外」の事態の発生を防ぐ方法は、大事なことについて情報をきちんと収集することです。Kさんにとって自宅は大事な安らぎの場。最低限の日照は規制で確保されるとはいえ、やはり目の前にマンションが建てば圧迫感がありますし、人の姿も気になります。視界が開けた環境を重視するのであれば、購入する際に周囲を含めて情報をよく確認しておくべきでした。「後悔先に立たず」と、Kさんはつぶやきました。

歴史コラム8 「沈むことのない船」の最後――タイタニック号の遭難

映画でも話題を呼んだ悲劇

「絶対に沈むことはない」と喧伝された豪華客船タイタニック号が、氷山との衝突が原因で海中に沈みました。この有名な遭難事件については、過去に何度も小説やドラマで取り上げられました。最近では、監督ジェームズ・キャメロン、主演レオナルド・ディカプリオとケイト・ウィンスレットの映画「タイタニック」（1997年）をご覧になった方も多いことでしょう。キャメロン監督は、3D映像で話題になった「アバター」の監督です。手を広げる女性を後ろから抱きかかえるポーズ、一頃はやりました。

処女航海での出来事

1912年4月10日、ホワイト・スター・ライン社の客船タイタニック号がイギリス南部のサザンプトンから出港しました。ニューヨークに向けての処女航海で、乗客と乗組員合わせて約2200名が乗っていました。船長は、同社きってのベテランで、この航海を最後に引退することになっていました。

タイタニック号は、4万6358総トン、排水量6万6000トンの当時世界最大の豪華客船で、何よりその安全性が強調されていました。船底が二重であるとともに、15の耐水隔壁による16の防水区画の存在が、浸水による沈没を不可能なものにするとされていました。出港は完成や準備の遅れから、当初予定より1カ月後ろ倒しでした。また、直前の交代での引き継ぎ不十分から、見張り用双眼鏡がロッカーにしまわれたまま使えない状況にありました。

タイタニック号はサザンプトン港内で、アメリカの客船ニューヨーク号との衝突を間一髪で回避したあと、フランスのシェルブール、アイルランドのクィーンズタウンを経て、北大西洋上に出ました。この季節の北米航路に流氷の危険があることは、この航路を使う船会社や各船舶に認識されていました。

4月14日、同じ海域にいるほかの船舶から流氷の位置を知らせる電信がたびたび入ってきます。夜、海は静かで月の光はなく、その中をタイタニック号は、最高速度に近い22ノットで進みます。そして午後11時40分、見張り員が前方に氷山を発見、船は直ちに回避行動をとりますが間に合わず、右舷が氷山をこすするようにかすめたあと、船は止まりました。乗客の多くが既にベッドに入っており、乗組員を含めほとんどの人がいったい何が起きたのかわかりませんでした。

事態は深刻でした。衝突によって右舷船首下部に生じた損傷が複数の区画に浸水をもたらし、そこで溢れた水が船尾方向に向かって次々と隔壁を乗り越えることによって、船全体に浸水が拡大しました。

状況を把握した船長が遭難信号を発信させたのが、午前0時15分です。しかし、タイタニック号から最も近い20キロ程度の距離にいた貨物船カリフォルニア号には、同船が午前0時を回った時点で電信を中断していたことから、信号が伝わりませんでした。

午前0時45分になって最初のボートが下ろされ、2時5分に最後のボートが着水するまで、乗客の避難が続けられました。そしてタイタニック号は、2時20分、船体が二つに割れて沈没しました。遭難信号をキャッチして駆けつけた客船カルパチア号が最初のボートを救助したのが午前4時10分、その後、生存者700名あまりを乗せてニューヨークに向かったのが8時50分でした。

タイタニック号に装備されていた救命ボートの定員は乗客・乗組員の数に比べてはるかに少なく、しかも脱出を急ぐあまり定員より少ない人数で船を離れたボートが少なからずありました。海水温度は氷点下近くで、沈没後水面に漂うことで生存した人はいませんでした。ちなみに、救助された中に唯一の日本人乗客である細野正文氏がいます。氏はミュージシャンの細野晴臣さんの祖父です。

悲劇の原因は「安全神話」

この事故による死者の人数は確定していません。調査機関によって1500〜1600名の範囲でばらつきがあります。カルパチア号がニューヨークに入港したあと、直ちに船を離れたまま連絡がつかなかった人がいると考えられています。明らかなのは、これが平時における最大級の海難事故であるという点です。

ほかの多くの事故と同様、悲劇は複合的な要因によってもたらされています。「もしも」ということで事故が回避された可能性を探るなら、そもそも航海が予定より1カ月遅れたことによって、流氷が多い時期に当たってしまったということから始めなければなりません。もしも、氷山を遠くから目立たせる月明かりや波があれば、もしも、カリフォルニア号が電信をオンの状態にしていたならば、といった不運の連続です。

より直接的な要因としては、氷山のある海域を航行するリスクを十分認識していなかったことが挙げられます。最も近くにいたカリフォルニア号は、氷山を警戒して停船していました。さらに、ボートが半分強の人数分しかなかったことや、脱出の訓練が十分でなかったことが、被害者数の増加に繋がりました。いずれも、この船が沈むことはないという思い込みが招いたことです。

過度な安全神話、多重防護の失敗、個々の判断ミス、不十分な危機管理体制——似たような言葉が最近も使われました。巨大かつ複雑な存在に起因するリスクの大きさの前では、我々は謙虚であることが求められます。

歴史コラム9 一発の銃声がすべての引き金に——サラエボ事件

第一次世界大戦を招いた皇太子暗殺

第二次世界大戦はドイツ軍のポーランド侵入で始まり、日本が参戦しての太平洋戦争は真珠湾攻撃から始まりました。ともに国家意思の表れとしての行為が発端となっています。これに対し第一次世界大戦の場合、セルビア人青年によるオーストリア皇太子の暗殺がきっかけとなりました。

シーザーやリンカーンの暗殺のように、歴史上有名な暗殺事件は数多くありますが、2000万人を超えると言われる大量の犠牲を生む直接のきっかけとなった暗殺はほかにありません。結局、第一次世界大戦の真の原因は何なのか、なぜ戦争が行われなければいけなかったのか、歴史家の答えは一致を見ていません。

暗殺は事前に計画されたものでしたが、暗殺の瞬間はまったくの偶然でした。

1914年6月28日、オーストリア＝ハンガリー帝国の皇太子フランツ・フェルディナンド大公が妻ソフィーを伴ってサラエボを訪問しました。サラエボは、当時オーストリア領だったボスニアの首都です。以前トルコ領だったボスニアと隣のヘルツェゴビナは、1908年オーストリア＝ハンガリー帝国に併合されました。住民の多くはスラブ系で、若い人を中心に、同じ民族のセルビアではなくオーストリアの傘下に入ったことに反発していました。

なぜ治安に不安を感じさせるボスニアを皇太子夫妻が訪問したのか。実は、妻ソフィーは伯爵令嬢ではありましたが、ハプスブルグ家の家系から見れば下級の出身で、二人の間に生まれた子は、ハプスブルグ家の正統な後継者としてオーストリア皇帝、ハンガリー国王その他の位を継ぐことができませんでした。

今では信じられないことですが、晴れがましい席へのソフィーの同席も叶いませんでした。しかし、大公はオーストリア軍の陸軍元帥かつ監察長官に就任しており、ハプスブルグ家と直接関係のないこうした軍人ポストでの行事には同席が可能でした。そこで、ボスニアで行われる軍の閲兵に彼女を連れていくこととしました。6月28日、二人の結婚記念日に。

大公の訪問を知った地元の青年たちは暗殺を計画し、セルビアの秘密結社が武器と自決用毒薬を提供しました。大公夫妻が乗ったオープンカーの車列がサラエボ市庁舎に向かう途中、一人がピストルの発射に失敗し、一人は暗殺を止めて帰ってしまい、一人は爆弾を投げましたがはずれて夫妻は無事でした。市庁舎訪問の帰り、道を間違えた大公車の運転手が交差点で車を止め方向転換しようとした時、たまたま目の前に暗殺グループの一員で学生のプリンツィプがいました。偶然に驚いた彼は、直ちに車に駆け寄り大公夫妻に向けピストルを発射しました。二人ともほとんど即死でした。

蝶の羽ばたきは遠く離れた場所で嵐を起こす

これがなぜ大戦に繋がったのか、そのメカニズムは複雑であると同時に悲劇の大きさに比べるとあまりにも単純で、実のところよくわかっていません。

オーストリアは、事件の背後にセルビアの存在があると見て、かねて国家間の案件を抱えていたセルビアに対し非常に強硬な姿勢で臨みました。実際のところ、セルビア政府がどこまで関与していたのかは不明です。セルビアは同じスラブ民族の盟主ロシアに対し、オーストリアは親密国ドイツに対し、それぞれ支持を求めました。

7月23日、オーストリアはセルビアに対し最後通牒を突きつけました。セルビアは一部を除いてこれを受け入れましたが、オーストリアはこれを拒否して宣戦を布告しました。この際、セルビアに断固とした姿勢を示そうとしたのです。

あとは、威嚇と防衛的観点から、諸国間で総動員と宣戦布告が繰り返されました。戦後、様々な秘密協定の存在が明らかになりましたが、それは触媒であって真の動機とはかけ離れています。

世界分割を狙う帝国主義競争が頂点に達したからと説明されることがありますが、イギリスとドイツなどは個別論点で合意ができ、ひと頃に比べ緊張が緩和されていました。間違いなく言えるのは、各国の皇帝や国王、政治家の誰一人として戦争を望んだりあらかじめ準備を命じたりはしていなかったということです。

蝶の羽ばたきが遠く離れた場所で嵐を起こしました。

第　6　章

会社を取り巻く
リスクの本質

持ち帰り残業に重大なリスクが潜む？

企業が向き合う今風のリスクとは、と問われた時、私は情報管理とコンプライアンスを挙げます。それが時代のニーズだからです。

情報の重要性、それは古今東西変わりません。孫子の兵法にある有名な「彼を知りて己を知れば、百戦して殆《あや》うからず」は、情報戦の意義を余すところなく伝えてくれます。同じく孫子には、「成功の衆に出ずる所以の者は、先知なり、先知なる者は（略）必ず人に取りて敵の情を知る者なり」とあります。戦果をあげる鍵は相手の状況を知ることにあり、そのためには敵から直接情報を取ってくる必要があると述べています。

第2次大戦後の軍事面で大きく変化したものに、情報通信手段の発達があります。コンピュータを開発しただけでなく、それらを接続するネットワークを築くことによって、処理できる情報量が膨大なものとなりました。しかし、一旦そのシステムに侵入されると、逆に多くの情報が盗まれたり、使用不能になったりします。

不正にコンピュータ・システムに侵入し、データを破壊、改竄するなどの手段で国家や社会にダメージを与えることを、サイバー攻撃とかサイバー・テロと呼びます。これは新しい形の攻撃、戦争として注目されており、日本経済新聞によると（2011年7月15日夕刊）、米国防総省は、サイバー空間を陸、海、空、宇宙と並ぶ新たな「作戦領域」と位置づけ、サイバー攻撃を未然に防ぐシステムの導入、サイバー攻撃を想定した訓練の実施、同盟国や民間との連携の強化などを進める、新たな戦略を発表しました。

情報通信手段の飛躍的な発達は、作戦能力の向上をもたらす反面、新たに脆弱な部分を作り出す「両刃の剣」でもあったわけです。

企業でも、かねて外部からのシステムへの不正侵入や、ソフトウエアを媒介したコンピュータウイルスの侵入などが問題となり、情報セキュリティの確保が重要なリスク管理分野となりました。金融機関を始め、システムを扱う主な企業は、管理対策の基本を定めた「セキュリティポリシー」を制定しています。そうした中で、1年前、大手エレクトロニクスメーカーが提供するゲーム・動画配信サービスへのハッカーによる不正侵入から、個人情報が流出した可能性が問題となりました。

一頃に比べれば、企業のシステムのこうしたリスクに対する抵抗力は強化されているようです。しかし、人の手を介さずに打てる対策には費用面やシステム負荷の面から限界があり、従業員一人ひとりの意識がゆるめば、ウイルスの侵入や情報漏洩を許す余地があると考えられます。

気をつけなければいけないのは、会社に危害を与えるとか、自分の利益を図るといった不正な動機ではなく、会社のため、仕事のために作業をする、こういう時が落とし穴になるということです。データを持ち帰って自宅で仕事をする時が典型です。それは、決められたプロセスを失念したり省いたりしても、仕事の中のことではないかという自分に対する言い訳が生じやすいからです。

最近、シンクライアントという、会社のサーバーに直接アクセスして作業するシステムとその専用端末が使われるようになっていますが、情報管理に伴うリスクの恐さは、瞬時にして広範囲な被害や影響をもたらすことであり、組織も個人もそのことをよく認識する必要があります。

組織を締め付けてもコンプライアンスは実現できない

コンプライアンスは、一般に「法令遵守」と訳されます。法令を守ることは国民としての最低限の義務ですが、いわゆるコンプライアンスについては、業界や社内で定めるルールや手続きに違反したことが問題になることがあります。もっと言えば、「倫理」や「モラル」に反することが問われることもあります。

ちなみに、倫理やモラルに関することをあらかじめ細かく定めるのは難しいので、社内規定では、「外部の信用を著しく損なう」行為を禁止しているケースが一般的です。

問題にされるという点では、業種や企業の社会的地位とも関係し、大企業、上場会社、業界のリーディング・カンパニー、老舗企業、公益的な事業を営む組織ほど厳しい目で見られます。また、誰が違反したのか、すなわち役員なのか、従業員なのか、単独なのか複数が関与しているのかといったことも問われます。

こうして考えると、大企業の経営トップが絡んだ法令違反行為は、「企業不祥事」の最たるものとして、社会から厳しく指弾されることがわかります。コンプライアンスに起因するリスクとして最も大きいのです。

オリンパス事件は、いろいろな意味で特徴的かつ衝撃的な事件でした。国際的にも有名な大企業で起きたこと。経営トップや監査役など複数の役員が関与し、これだけ長期間にわたって問題が隠蔽されたこと。きっかけが、今や懐かしい言葉となったバブル崩壊に伴う財テクの失敗であり、その後「飛ばし」という古典的手口が使われていたこと。「飛ばし」後の損失穴埋めに、企業価値向上手段であるM&Aが使われたこと。それを問題視したのが新たに就任した外国人社長であり、社長解任という異常事態にまで発展したこと等々です。

結局、これまで長年にわたってコーポレートガバナンスの強化や企業会計における透明性向上などが言われてきましたが、それにどの程度意味があったのかという疑問や無力感さえ感じさせるものでした。

もちろん、今回の事件をもってこれまでの努力が無駄になったと見るべきではなく、それがあったからこのような不祥事がオリンパスに止まった（そうあって欲しいです）と言えるのですが。

コンプライアンスは、最終的に一人ひとりの自覚に依存するところがあります。システム対応で機械的にチェックできるという性格のものではありません。法令遵守と言うと締め付け的に聞こえますが、そうではなく、各自が意識を高めて組織の「品格」を高めていく、そういう行為であると見るべきでしょう。トップは言うまでもなく。

家庭の片付けと企業のリスク管理の共通点

企業のリスク管理の手法として一般的に言われているものに、ＰＤＣＡサイクルがあります。ＪＩＳ（日本工業規格）にも定められています。

ＰＤＣＡは、Ｐｌａｎ（計画）、Ｄｏ（実行）、Ｃｈｅｃｋ（点検）、Ａｃｔｉｏｎ（経営者の行動）の頭文字を取ったもので、ＰＤＣＡサイクルは、リスク管理について計画を策定し、実行し、点検し、これを踏まえて経営者が次の施策を打ち出すとともに、こうした作業が継続的に行われるように促すというものです。

Ｐｌａｎ（計画）の中では、リスクの洗い出し→その分析・評価→対応策の選択という手順が踏まれます。また、リスクの洗い出しや評価作業を各業務部門が行うＣＳＡ（コントロール・セルフ・アセスメント）という手法もあります。ＰＤＣＡは、サイクルとして継続的に行うことに意味があります。

近年大企業では、専担のリスク管理部署を設置し、社内横断的にPDCAサイクルやCSAによるリスク管理を行うところが増えてきました。一方で、コンプライアンスや財務を担当する部署がおのおのの視点で似た作業を行います。管理部署間の競合に現場の負担増が加わって、「リスク管理疲れ」の症状を呈しているところもあります。これが「リスク管理離れ」になったのでは、何のための体制の整備かわかりません。

このため、個々のリスクの管理だけではなく、リスク管理体制全体についてもPDCAサイクルを回す必要があります。いわばリスク管理の棚卸しです。例えば、CSAについても、時にテーマを絞るとか、あらかじめ数を限定して優先順位をつけてもらうといったやり方があります。

さらにリスク管理で大事なことは、形を整えることではなくて、社内にリスクを認識して対処しようとする風土を根づかせることです。そのためには、リスク管理に対するトップの自発的コミットメントが必要になります。

経済学で言う「コミットメント」とは、他社が参入に二の足を踏むように初めから余剰な能力を抱えた投資を行うとか、消費者の信頼を得るために向こう10年間この規格の製品を作り続けると発表するなど、強い意思を示して他者の意思決定に影響を与えることです。

リスク管理に関しては、トップがリスク管理体制の整備に関与するだけでなく、事業に関する意思決定の時など、常日頃からリスクを考慮している旨伝えるとともに、人事やＩＲ（投資家向け広報）などを通じて、その意思が内外に伝わるようにすることが大切です。役員が「善良なる管理者の注意義務」（民法６４４条）に基づきリスク管理面に配慮するのは当然ですが、ここではあえてトップによる自発的なコミットメントとする点がポイントです。

また、こうした風土を根づかせることは、大企業のような体制整備が難しい中小企業でもできることです。トップのリスクに対する気遣いが職場に伝わることによって、賞味期限切れの食材を誤って使用するリスクや、走行中のトラックの荷台から物が落下するリスクを減らすことができます。

なお、ＰＤＣＡサイクルは、個人や家庭の日常生活でも有効な手法となります。なかなか物が捨てられず、家の中の自由空間がほとんどないご家庭、多いと思います。

そこで、一つひとつの衣類や書籍、ＣＤやＤＶＤはたまたビデオ・テープ、冷蔵庫の中の物や食器、旅行のお土産の置物等々について、その必要性を評価する（P）。

不必要ないし必要性が低いと認められたものについて、廃棄物や資源ごみの回収、リサイクルショップやフリーマーケットの利用、福祉施設への寄贈などにより処分する（D）。

しばらく経ったところで進捗状況を点検する（C）。

その結果を見て不要物整理の今後の対応を考えるとともに、ほかにも同様なこと、例えばお小遣い、保険料、塾やお稽古事の支出などを見直しできないか検討し、次のサイクルに繋げる（A）。

といったことをすれば、生活のメリハリがつきやすくなります。その際、家庭内トップの役割を誰が担うかは、個々のご家庭の事情によります。

お客や強盗の気持ちで「百聞は一見に如かず」を考える

リスクコミュニケーションという言葉があります。リスクに関する情報を関係者間で共有し、できるだけコンセンサス（合意）を作っていくための擦り合わせのことです。例えば、施設や事業所、食品や製品などの安全性について、行政や企業が、住民（消費者）や専門家、マスコミに対し情報を発信した上で対話する、という行為です。

一つの組織の中、あるいは家庭の中でも、リスクに関するコミュニケーションが必要です。実際、あえてこの言葉を使っていないだけで、議論や会話の中身は実はリスクに関することが多いのです。「今年の冬はいつもの年よりインフルエンザが流行するとニュースで言っていたけれど、やっぱり予防接種を受けた方がいいかしら」といった類です。

家庭の中では、こうした直接対話が可能かつ有用ですが、組織が大きくなればなるほど直接対話は難しくなり、メールを含めて文書化が進みます。規程やマニュアル、報告書や通知文書、説明資料や会議録など無数の文書が作成されます。文書化できるものをせずに形式上「暗黙知」のままにしておくと、いざという時の対応が遅れます。「暗黙知」とは、本来、コツや勘など言葉で表現するのが難しい知識の意味です。

しかし、文書を読むだけでは、あるいは耳にするだけでは「気づき」が不足しがちです。紀行文をいかに読んでいても、実際に旅先に行かないとわからないことが多くあります。まさに、「百聞は一見に如かず」です。

漢書にある話で、前漢の将軍趙充国が異民族の反乱への対応を皇帝から尋ねられた時、前線の状態は遠くからではよくわからない、馬を走らせて現地の状況を見、その上で献策すると答えたという故事に由来します。ちなみに趙充国は当時高齢で、その彼が自ら前線に行ったところに重みがあります。

いくら経営幹部がリスク管理に意を用いていても、現場を知ることがなければ「絵に描いた餅」に終わります。現場を見る際も単なる視察ではなく、仮に自分がお客だったら、あるいは強盗だったらという意識でお店やその周囲を見てまわろ、自分が作業員だったらという意識で現場を見てまわる、それによって、サービスや安全性に関する新たな気づきが生まれます。

「見る」ということは、単なる視認ではありません。耳や鼻など、文字通り五感を働かせます。慣れてくるとそれが自然とでき、本当に匂いがわかってきます。「ああ、ここはこういう感じなのだな」と。

そして、その夜遅く家に帰ると、奥様はわかります。「ああ、今日はこういうところにも行ってきたな」と。

1件の重大事故の背後に300件のヒヤリがある

いかに経営の判断がよくても、生産、販売、工事といった各「現場」の力が弱ければ、いつしか評判を落とし、企業間競争に負けることになります。戦国時代、戦場では、物頭《ものがしら》と言われる数十名単位の兵を率いる下級将校がどれだけ働くかで流れが決まったと言われます。

リスク管理についても、「現場力」が問われます。私は以前から、「なぜ」の大切さを説いた次の記事を多くの人に紹介しています。2010年3月8日付の日本経済新聞で水野裕司編集委員が書いた「経営の視点」です。アメリカでのリコール問題が取り上げられています。

「トヨタ自動車工業（現トヨタ自動車）の副社長を務めた大野耐一氏の著書『トヨタ生産方式』。トヨタ方式の生みの親によるこの本の中で、具体的な実践内容の章の最初に出てくるのが、『なぜ』を5回繰り返すという話だ」

「なぜ機械は止まったのか。負荷がかかりすぎたのなら、それはなぜか。軸受けの動きがなめらかでなかったというなら、なぜなのか――。5回、なぜと問うことで原因を掘り下げ、ある部品がすり減るのを防ぐ『カイゼン』で問題を解決する例が出ている」

「『原因』の向こう側に『真因』が隠れている、と大野氏はいっている」

「今回の大量リコール（回収・無償修理）の発端になったフロアマットの問題は、こうしたトヨタ方式の基本動作が徹底していたなら、おそらく大きく広がることはなかった」

「新興国など海外市場の開拓を急ぐ日本企業は、生活環境や気候の違いから、製品が想定外の使われ方をして品質の問題を起こす可能性が高まっている。原因を明らかにする力を高め、すばやく対応することは、トヨタだけの課題ではない」

すべてのことに通じる話です。

また、「ハインリッヒの法則」と言われるものがあります。アメリカの損害保険会社の調査部長だった人が提唱したもので、1件の重大災害の前に29件の軽微な災害が起きていて、その前に、もう少しで災害になるところだった「ヒヤリとした」「ハッとした」という出来事が300件起きているというものです。すなわち、軽微な「ヒヤリ、ハット」の段階で手を打っておけば、大規模な災害は免れるという理屈です。「一事が万事」という言葉もあります。

「なぜ」を繰り返すことによる改善も「ヒヤリ、ハット」の事例も、その多くが現場から生まれます。現場はリスク管理の原点と言えます。刑事ドラマでよく使われる「現場100回と言うぞ」です。

歴史コラム10 家康を窮地に追い込んだコンプライアンス問題――関ヶ原の戦い①

関ヶ原の戦いの再検証

慶長5年（1600年）9月15日、東西両軍おのおの7万とも8万とも伝えられる大軍が、美濃国（今の岐阜県）の西端に位置する関ヶ原に集結、決戦を行いました。「天下分け目」と言われるこの戦いは、その後の日本の帰趨を決めたという意味で、歴史的な意義をどんなに強調してもしすぎることはありません。

近年、この関ヶ原の戦いについて新たな評価が下されつつあります。かつて家康は、西軍の挙兵をあらかじめ見越した上で会津の上杉景勝討伐に出かけた。美濃まで引き返してきたあと、石田三成らが大垣城にこもっているのを見て、三方ヶ原の戦いでの武田信玄にならい、東軍西上の噂を流すことによって彼らを引きずり出し、関ヶ原での野外決戦に持ち込んだ。ここで三成以下西軍を一気に粉砕することによって、天下を手中に収めた――との説がまかり通っていました。

その背景には、「神君家康公」は秀吉亡きあと、数ある武将の中で経験、声望、兵力など抜きん出た存在であり、吏僚あがりで人気のない三成が率いる西軍ときわどい勝負になるはずがないとの思い込みがあります。

しかし、研究が進むにつれ、新たな事実がわかってきました。その一つが、家康は、自分の留守中上方で何らかの動きがある可能性は認識していたものの、同じ大老職の毛利輝元以下10万の軍勢が家康討伐のために集まることは「想定外」であり、事態を知った時、相当動揺していたことです。すなわち、西軍挙兵のリスクの重大性に対する認識は不十分なものでした。

家康のコンプライアンス違反

秀吉が遺言で定めた秀頼成人までの統治体制（ガバナンス）は、あくまで五大老・五奉行による合議制です。前田利家が秀吉のあとを追うように病死したあと、家康が大老筆頭として主導権を握りましたが、それは事実上の話であり、形式的には、家康はあくまで合議機関、言うなれば取締役会メンバーの一人でした。

こうした状況の下で、家康が上杉氏討伐のため、長期間大阪を留守にすることになりました。この機会を捉えて、三成やその仲間の大谷吉継、安国寺《あんこくじ》恵瓊《えけい》らは毛利輝元を総大将に担ぎ、家康打倒に向けて挙兵しました。彼らは直ちに、毛利輝元、宇喜多秀家ら大老、増田長盛、長束正家ら奉行の署名を添えた家康弾劾状「内府違いの条々」を発出しました。その中では、秀吉が定めた掟や大老奉行間で交わした取り決めに対する家康の様々な違反行為が厳しく指弾されていました。いわば取締役会メンバーの大半が、家康の重大なコンプライアンス違反とそれが取締役欠格事由に当たることを認定したわけです。

このことの持つ意味は大きく、豊臣株式会社の大株主でありオーナーである秀頼と、そのオフィス兼住宅である大坂城を掌握したことと合わせ、西軍の正当性は揺るぎないものとなりました。10万もの軍勢が集まった所以です。

関ヶ原直前の家康の勢いは、天下人のそれに近いものでした。五大老の家のうち、利家亡きあとの前田家に対しては、家康暗殺の陰謀ありと難癖をつけ、大河ドラマ「利家とまつ」で松嶋菜々子さんが演じた利家夫人を人質に取りました。

宇喜多家は家臣の内紛で分裂状態でした。毛利家は元就の遺言を守り、天下を競わない大人しい気風で知られていました。義を重んじる家風で唯一家康に歯向かった上杉家に対しては、諸大名の軍勢を率いてまさに討たんとするところでした。

こうした状況の下で、家康の中では楽観的な気分が支配的になり、最悪の事態を想定し、それへの対処を考えるストレステストを行わなかったものと思われます。

家康としては、秀頼への政権移行期として定められた各種のルールを守っていては天下を取ることができないと考え、故意に破ってきました。しかし、コンプライアンス違反に対する世間の風当たりは、時代を問わずきついものがあります。

その後、西軍挙兵を知った家康は、福島正則以下、上杉征伐に加わった豊臣恩顧の大名を西に向かわせました。短期日による岐阜城攻略など、彼らが予想以上に活躍したことや、この間の西軍の動きが緩慢だったことにより、当初抱えた不利をだいぶ回復することができましたが、反家康勢力結集の結果顕在化したリスクの大きさに比べると、結果オーライと言えなくもありません。

家康最大のリスク管理

このように、関ヶ原の戦い当初における家康のリスク管理には問題もありましたが、当時の誰よりも成功した家康ならではのリスク管理があります。それは、健康管理です。

家康は、日常生活における節制だけでなく、自ら薬を調合する知識を有するなど、健康管理に大変気を配っていました。戦場でも将兵に細かい注意を与えています。家康は、慶長20年（1615年）大坂夏の陣での豊臣家滅亡を見届け、翌元和2年、当時としては極めて長命な75歳で亡くなりました。家康の健康リスク管理、これが徳川幕府260年の礎になりました。

歴史コラム11　小身の悲しさとヒンジ・ファクター――関ヶ原の戦い②

関ヶ原の古戦場と石田三成

関ヶ原の古戦場を訪ねると、諸将の陣所跡やそれらを繋ぐ歩道がよく整備されており、400年前の出来事に想いを馳せながら、ゆっくり散策を楽しむことができます。最近では、歴女ブームなのか、女性の一行が増えています。地元の方にお聞きすると、一番人気は、笹尾山の石田三成陣所跡ということです。

石田三成といえば、江戸時代以来、秀吉の威を借りて出世した奸賊として語られてきたのですが、司馬遼太郎がその小説『関ヶ原』において、横柄なところはあるが、生真面目で繊細な三成像を描いた頃から、だいぶ評価が変わりました。

最近では、石高19万石の少身でありながら、大儀に殉じて250万石の徳川家康相手に挙兵、最後は刑死した悲劇のヒーローというイメージが浸透しつつあります。さらに、女性の三成ファンが増えた背景には、大河ドラマ「天地人」で、小栗旬さんが三成役を演じたことも関係しているように思います。

近年、フィールドワーク研究の結果、関ヶ原で西軍が陣を構えた場所には、小早川秀秋が陣を構えていた松尾山を含め、新たな城郭や野戦陣地が構築されており、いずれかの段階から、三成らが関ヶ原での合戦を想定して、周到に準備していたことがわかりました。すなわち、三成たちは、野戦を得意とする家康におびき出されて心ならずも城外での戦いを強いられたわけではなく、関ヶ原を戦場とする戦いは想定内だったということです。

もっとも、三成が当初考えていたのは、「中国衆」すなわち輝元率いる毛利本隊を松尾山城に入れることでした。秀秋が西軍全体の作戦計画と無関係に単独で松尾山に上ったことは想定外で、そのことが関ヶ原への移動を早めたと考えられています。

西軍敗北の最大の要因とされる小早川秀秋の裏切りについて、三成や大谷吉継らはその可能性を認識していました。秀頼成人までの関白職就任などの好条件で引き止めを図るとともに、裏切りに備えて松尾山山麓に脇坂安治ら四将の部隊を配置していました。しかし、秀秋の裏切りに同調し彼らも裏切るという、それこそ「想定外」のことが起きました。

過小資本の限界とヒンジ・ファクター

結局、敗北の決定的な要因としては、首謀者である三成に西軍をまとめたり、リーダーシップを発揮したりするだけの大きな石高すなわち戦力がなく、西軍に液状化現象が起きたことが挙げられます。小早川秀秋しかり、毛利一族でありながら東軍と内々不戦の密約をしていた吉川広家しかり。すなわち、企業経営で言えば、十分な自己資本なり経営体力がなければ、テイクできるリスクの量（この場合家康打倒）には自ずと限りがあるということです。

そうなると、経路はともかく、やっぱり家康の勝利はなるべくしてなったのではないか、結局、本来、三成は家康の敵ではなかったという昔の定説は正しかったのではないかと言われそうです。

「個」が相互に影響して「全体」の帰結をもたらすことを重視する複雑系科学の考え方では、歴史に必然はありません。過去について、起こった事象の理由や原因を見出すことはできても、そのことと、ほかの結果が起こらなかったということとは別です。

軍事用語で、戦いの帰趨を決めた要素を「ヒンジ・ファクター」と呼びます。ヒンジとはドアの蝶つがいのことで、それによって、ドアが表になったり裏になったりするように勝敗がひっくり返る要素ですが、要素そのものは必ずしも合理的なものではなく、偶然のものであったりします。つまり、戦争の結果は予測不可能だということです。関ヶ原の戦いを見ていくと、とくにヒンジ・ファクターが多くあります。

西軍に島津義弘という武将がいました。慶長の役では、20倍もの明《みん》の大軍を打ち破り、関ヶ原の戦いにおいては、1500人程度の兵で、「島津の退《の》き口《ぐち》」と言われる敵中突破を敢行したことで有名です。国許が増援を送らなかったために少人数の兵しか率いていなかったのですが、彼は、「せめて5000いればこの戦《いくさ》に勝てたものを」と口惜しがったと伝えられています。

ほかにも、合戦当日落城した大津城を囲んでいた、勇将立花宗茂を含む1万5000の西軍が到着していたら、家康が上杉征伐を中止し西に向かったあと、上杉景勝が北の最上氏ではなく南の東軍を攻めていたら、といった、「たら、れば」的要素が関ヶ原の戦いには沢山あり、これをもとに毎年新たなシミュレーション戦記が出版されています。

第 7 章

リスク管理は なぜ失敗するのか

サブプライム問題で大失敗した外国大手投資銀行

２００７年、アメリカのサブプライム問題をきっかけとした金融市場の混乱から、欧米を中心に多くの金融機関で経営が困難になりました。中にはイギリスのノーザン・ロック銀行のように、預金者による取り付け騒ぎとなったところもあります。

今から思えば２００７年のサブプライム問題は、欧州債務問題まで続く深くて長い金融危機の第一幕でしたが、当時としては、足元で金融システムの動揺を招いた大きな問題として、様々な検証が行われました。その結果は、２００８年になって次々にレポートとしてまとめられています。その一つが、スイスのＵＢＳ銀行に関するレポートです。

ＵＢＳ銀行では、サブプライムローンを組み込んだ証券化商品の組成やトレーディング業務で大規模な損失が発生しました。「ＵＢＳ銀行の減損に関する株主あて報告書」と題されたこのレポートは、大規模な損失が発生した原因を説明するもので、作成にあたってはスイスの銀行監督当局も関与したと言われています。

そこでは、①収益偏重や経営陣のリスク知識の不足といった「ガバナンス」の問題、②過度な縦割り（サイロ化）やリスク管理部署の実務知識の不足といった「報告体制」の問題、③フロントへの巨額なボーナスなど「報酬体系」の問題、④過去のデータや外部格付けに依存した「リスク計測」の問題、⑤複雑なリスクを伴う商品を十分コントロールできない「各種リミット」の問題などが取り上げられています。

その後出された各種のレポートでも、大体似たような問題が指摘されています。同時に、デリバティブ市場の拡大や危機の発生に伴って1990年代に出された提言、例えば1993年にG30が出したリスク管理の高度化に関するものの内容とも多くの部分が重なっています。

結局、対象とする市場や商品は変わっても、リスク管理の基本は変わらず、一つひとつの積み重ねである。その意味で「リスク管理に王道はない」と痛感させられました。

かつて私の同僚は、最近の金融リスク管理の風潮は、料理人にたとえれば、いい包丁を揃えることばかりに目が向いて、肝心な腕を磨くことがおろそかになっていると嘆いていました。同感です。

防げることが防げない人間の性

リスク管理の基本は同じで、非常にシンプルです。「リスクを認識し、対処する」。これだけです。そこでは、政府も民間も、大企業も中小企業も、企業も個人も、そして時代を超えても変わりはありません。その意味で、リスク管理は「フラクタル」です。第5章で取り上げたフラクタルとは、自己相似形を示す新しい幾何学用語で、上から巨視的に見るものと細部をズームアップしていったものとが似ていることです。いわば原発の運転から自動車の運転まで、外国の大手投資銀行から信用金庫まで、冬山登山対策から日常の風邪対策まで、といった具合です。

ではなぜ、「防げたはずなのに防げなかった」という類のリスク管理の失敗がよくあるのでしょうか。本書はこれまで、リスクの源やリスク管理が有効でない原因について、「うっかり」から「ガバナンス」に至るまで、様々なものを取り上げてきました。どれも「やる気になれば防げる、あるいはできる」ものばかりです。

リスク管理は特別なものではなく、第1章で書いたように、日常生活で誰もが無意識に行っています。にもかかわらず、まだ不十分なことが多いとしたら、それは、リスク管理を行う「インセンティブ」（誘因）がないことに多く起因しています。

リスク管理のインセンティブがない理由の一つは、リスクを考えると不安になる、リスクを考えるよりもっと前向きなことを考えたいという、人間としての自然な欲求です。政策でも企業経営でも家庭でも、リスクの話をするより、「こうすれば利便性が高まる」「こうすれば売り上げが増える」「こうすれば楽しい」といった話をする方が、気持ちが高まるのは当たり前です。

二つ目は、「リスクの非対称性」と呼ばれるもので、リスクが現実のものとならず可能性のままで止まった時、リスク管理が行われたことや、そもそもリスクがあったことすら忘れられやすいということです。その結果、リスクを管理する行為への評価がどうしても低くなりがちです。

三つ目は、リスク管理を行うことはリスクをとらないことであり、リターンも得られないという誤った考え方です。リスク管理とは、リスクをよく認識し、どこまでリスクをとるのか、とらないのかを考えることです。仮にリターンを期待するのであれば、リスク管理を行うことがその前提となります。

「大事なものを守る」というインセンティブ

リスク管理のインセンティブを高めるものとして、組織においてはトップのコミットメントがあると前に書きました。また、コンプライアンスでは社会による指弾という言葉を用いました。大手外国投資銀行の例では、株主や監督当局からのプレッシャーを示唆しました。リスク管理の基本とは、「リスクを認識し、対処する」ことですが、リスクそのものは無数にあります。そこで、「自分（会社、住民）にとって大切なものは何か、何を守るべきか」という最初の発想が必要であり、それがあれば自ずとリスク管理の発想が出てくるものです。

自分にとって家族の健康が第一と思えば、それに対する配慮が出てきます。飲食業のお店にとって大事なのは、お客が口にするものの安全性であると思えば（思うべきです）、まず食中毒のリスクを管理します。資金を預かって運用する者にとって守るべきは預けた人の資産であり信頼であると思えば（思うべきです）、運用に対するリスク管理に注力します。

リスク管理とは、すなわち、自分にとって大事なものは何かを考えることであると言い換えることができます。「大事なものを守る」。この気持ち、意思がリスク管理の真のインセンティブになります。

「日本的なるもの」は海外でもやっている

古今東西、リスク管理の失敗例は無限にありますが、日本企業や日本型組織ならではの特徴があると見るべきでしょうか。

よく言われるのは、「身内の組織」であるが故の失敗というものです。最近はかなり崩れてきているとはいえ、終身雇用や年功序列で特徴づけられる日本型経営の下では、

①トップはかつて自分の上司であり、ものが言いづらい

②会社は運命共同体であり、不都合な真実に対しても、「見て見ぬふり」「不作為」を決め込みがちである

③中の論理や常識と、外の論理や常識が違うことが起きやすい

と言われます。そのため、対策としては、「社外」の役員や組織をもっと活用しろということになります。

まず認識しておかなければいけないのは、日本でも、中小企業においては昔から人材は流動的であり、日本型雇用慣行と言われるものは、戦後の主に大企業ホワイトカラーが中心であることです。しかも今や大企業においても雇用は流動化しつつあり、典型的な日本型組織は、次第に少なくなりつつあるように思われます。

それはともかく、先に挙げた①〜③は、日本型組織の問題でしょうか。「危機の時代」であるという認識はアメリカでも、というよりアメリカの方が高まっています。そのため経営学の分野では、成功した事例だけでなく失敗した事例にも学ぶという研究が盛んです。そこでの問題設定の多くは、「なぜリーダーは危機を予見できなかったのか」というものであり、リーダーが抱える問題やリーダーによる問題把握を妨げる要因を分析しています。

まず、①トップにものが言えない問題ですが、かねて欧米の組織におけるトップの権限の強さは日本以上と言われており、コーポレートガバナンスの強化が言われる今日でも、社外取締役がトップに対する牽制機能をなかなか果たせていないことは、よく知られた事実です。一般的に、日本のトップは控えめと言ってよいと思います。

次に②「見て見ぬふり」問題ですが、元ハーバードビジネススクール教授のマイケル・ロベルトによる『なぜ危機に気づけなかったのか』（飯田恒夫訳、英治出版）では、非営利組織も含めた多数の企業や組織を調べた結果、「組織の中には、そこで働く人たちが問題を見つけた時に、あるいはおそらく自分が過ちを犯した時でも、それを口に出すのがはばかられる雰囲気があるところが多い」と述べています。日本型組織固有の問題ではなさそうです。

最後に、③組織の内外の認識ギャップの問題ですが、アメリカにおける研究でも、組織における「認知のバイアス」として幅広く取り上げられています。ハーバードビジネススクール教授のマックス・ベイザーマンとマイケル・ワトキンスによる『予測できた危機をなぜ防げなかったのか？』（奥村哲史訳、東洋経済新報社）では、楽観幻想、自己中心性、将来の軽視、現状維持の傾向などがそうしたバイアスをもたらすとしています。

このように、「何々的なるもの」については、どの程度それがあるのか懐疑的に見る方がよさそうです。例えば、世の中ではひとくくりに見られがちな金融機関でも、トップの個性や組織の風土は実に様々であり、ほかの業界の人の話を聞く限りそのばらつきはとくに小さくもないようです。同様なことは、日本の組織と海外の組織の違いについても言えるのではないでしょうか。ここで注意を要するのは、アメリカのシリコンバレーのＩＴ企業は必ずしもアメリカ企業の代表ではないということです。

その上で違いを見出すとすれば、組織の特徴というより、日本人としての特徴です。前述の本『なぜ危機に気づけなかったのか』では、アメリカの組織で見られた「口に出すのがはばかられる雰囲気」の源は、それによって自分が不利益を被るのではないかという恐れだとしています。

日本では、そうしたリスクを回避する目的以外に、他者やその場にいる人への気遣いから、発言を控える傾向が見られます。いわば「和を以貴しとなす」、聖徳太子の「十七条憲法」の第一条精神です。リスク管理の観点からは、組織の中で、問題を指摘したり議論したりすることが当たり前、むしろ歓迎されるような雰囲気を作っていくことが重要です。

政策もリスク管理の視点から

「仮定の話にはお答えできません」――国会や地方議会でよく聞く答弁ですが、実際の言い方はもっと丁寧です。

「委員ご指摘の点につきましては私どもも問題意識を持っているところでございますが、なにぶんにもご質問が仮にということでございますので、答弁は差し控えさせていただきたいと存じます」だと完璧です。

最近、相手の意思と関係ないところで「何々させていただく」という言葉がやたらと使われるようになり気になっているのですが、出所は国会や議会の答弁にありそうです。「差し控えさせていただく」答弁者の気持ちはいろいろだと思います。「仮の話をし出すときりがない」「正直わからない」「話が一人歩きしかねない」「のちのち手足をしばられたくない」「いたずらに不安を与えかねない」など。

しかし、仮定の話をすることは、問題の所在や対策の内容を理解する上で重要なことです。制約条件や限界を明らかにした上で議論すればよく、先ほどの答弁ではリスクコミュニケーションに後ろ向きだと言われかねません。

人はリスクの話を聞くとどうしても不安になるところがありますから、リスクベースの考え方で政策を論じるのは避けられがちです。しかし、リスクそのものを避けて通ることができない以上、議論を避けることは、「リスクがリスクを呼ぶ」ことに繋がりかねません。実は国民も、もっとリスクベースの政策論がなされることを望んでいるように思います。

社会におけるリスクコミュニケーションのあり方については、心理学の立場からの問題提起や提案がされています。例えば、同志社大学の中谷内一也教授は、著書『リスクのモノサシ』（NHKブックス）において、耐震強度偽装事件などを引き合いに、リスク管理責任者（多くの場合、行政や企業）への信頼が低下すると、①リスクマネジメントのコストが増大する、②円滑なリスクコミュニケーションが進められなくなる、という二つの問題が生じるとしています。

そして、人々がリスク管理責任者と価値を共有していると感じることが重要であり、さらにリスク管理責任者が信頼を改善しようと思えば、自発的に、政策決定プロセスの透明性を高め、不正を行った際の自らへの罰則、例えば、もし再び何々が起きればこのプロジェクトを中止したり工場を閉鎖したりするといったことを明確にすべきであると述べています。氏は後者について、「自発的な人質供出」と呼んでいます。

2001年の9・11テロや2003年の世界的な感染症流行（SARS）などを受け、2000年代前半から、政府の政策の中で「安全・安心」がキーワードとなってきました。

しかし、今回の原発事故対応を巡る報道にもあるように、政府の危機管理やリスク管理に対する国民の信頼は低下してきています。こうした中、積極的な情報開示と強力なコミットメントによる信頼回復に向けた努力が求められます。

財政赤字や人口減少・高齢化を巡る諸問題については、もはやリスクを論じる段階ではなく、いつ「臨界点」に達するのか、それまでに対策が間に合うのかというせっぱ詰まった状況であると言われます。

一橋大学の小黒一正准教授と小林慶一郎教授の著書『日本破綻を防ぐ 2つのプラン』（日経プレミアシリーズ）では、財政赤字について、「政府の借金が家計貯蓄を食い潰す状況を放置しておくと、いまのままでは、近い将来に突然、国債のリスクプレミアムが上昇し、金利が急上昇する『相転移』が起こる可能性がある」と指摘されています。相転移とは、原子や分子の相互作用により液体が気体に変換するといった現象を指す物理学の用語で、複雑系科学でも使われます。

あらゆる政策を考える上で、もっとリスク管理の視点、リスクベースの発想を取り入れることが望まれます。

リスクに関する知見を共有しよう

リスク、不確実性、「想定外」、どの言葉で表現されようが、世の中でリスク管理の失敗が問われているもののほとんどは、「未知との遭遇」ではなく、どこかで聞いたことがあるものです。リスク管理はなぜ失敗するのか、という問いに対する答えの一つに、リスクに関する知見が社会で共有されていないことがあります。個々の組織や人だけでなく、社会全体としてリスク管理のレベルを向上させていくために、以下のことが必要だと考えられます。

第一は、公的部門におけるリスク管理体制の整備です。現状、多くの公的機関では、危機管理担当部署や総務部門が、危機発生後の、あるいは特定のリスクへの対応を担い、また、内部監察部署が業務の適正な執行について監視を行っています。一部を除いて事後対応が中心なので、結果として、「不作為」によるリスクを見落としがちです。企業におけるリスク管理部署と同様、組織が抱えるリスクを「横断的」に把握し、コントロールする部署を設けることで、リスクベースの政策を進めたり、外部とのリスクコミュニケーションを円滑に進めたりすることが可能になると思います。社会全体でリスクに関する知見を共有していく上でも、公的機関の関与は意義があります。

第二は、学問や実務の世界において、分野を超えた研究や交流をもっと進めることです。ちなみに、「東北地方太平洋沖地震を教訓とした地震・津波対策に関する専門調査会」の報告では、今後の地震・津波の想定にあたっては、古文書などの分析、津波堆積物調査、海岸地形などの調査などの科学的知見に基づく調査が必要であるとし、地震学だけでなく、地質学、考古学、歴史学などの統合的研究を充実させることを提言しています。

リスク管理の考え方はあらゆる分野で共通していますし、分野を超えた知見の共有によりシナジー効果が得られます。既に分野を超えた「リスク学」や「失敗学」が立ち上げられていますが、まだ金融分野からの貢献が少ないなど、さらに交流を広げていく余地があります。ほかの領域との交流は、金融システムの安定性や金融リスク管理を考える上でも示唆に富む成果が得られる可能性があります。

第三は、リスク教育の充実です。子供たちがリスクを考えたりリスクに気づいたりする「くせ」を身につけることは、夢を持つことと両立できます。自転車運転の危険性といった身近なところから始めて、ネットや携帯電話に関するリスク、自動車に関するリスク、病気や食中毒などに関するリスク、火事に関するリスク、大雨や降雪に関するリスク、投資に関するリスク、こうしたリスクと対策を、学校でまとめて話す機会があればよいと思います。ちなみに、「危険学プロジェクト」のウェブサイトでは、子供の身の周りで起きやすい事故を取り上げた「子どものための危険学」の絵本や冊子を閲覧できます。

今は「リスクの時代」です。リスクをやたらと避けたり怖がったりするのではなく、これにきちんと向き合うことを子供たちに教え、そのためのリテラシー（読み書き能力）を身につけさせることは、日本の将来を考える上で大事なことです。

歴史コラム12 壮大な先送り——江戸幕府の鎖国政策

鎖国のイメージと現実

「泰平の眠りを覚ます上喜撰（蒸気船）、たった四杯で夜も眠れず」

江戸時代と言えば鎖国です。17世紀前半に幕府は、長崎出島での交易を除いて、海外との貿易や人の往来を禁止して国を閉ざした、1853年のペリー来航をきっかけに開国されるまでそれが続き、その間、日本は国を挙げて惰眠をむさぼっていた、というのが江戸時代に対する一般的なイメージです。

しかし、最近、こうした伝統的な鎖国史観を見直すべきだとの議論が強まっています。そもそも幕府には、「国を閉ざす」という発想はなかった、出島ルート以外にも、薩摩藩～琉球ルートや対馬《つしま》藩～朝鮮ルート、松前藩～蝦夷《えぞ》ルートなどを通じて、海外、とくに東アジアへの窓は開けておいた、要は、管理貿易体制の確立が「鎖国」と言われるものの実態である、というものです。

この幕府の管理貿易体制が、江戸幕府の長期政権を可能にした要因の一つであることは間違いありません。インターネットのない時代、貿易の管理は同時に情報の管理であり、諸藩や民衆との間の情報や知識の壁、経済学で言う情報の非対称性が作られました。幕末になって、薩摩藩や長州藩がイギリス商人と接触し、武器や情報を入手したような事態の発生を長らく防いでいました。幕府にとってのリスク管理です。

「想定外」ではなかったペリーの来航

次に、黒船ショックのイメージを改めなければならない根拠は、ペリーよりはるか以前から外国の船が繰り返し来航し、通商を求めていたという事実です。ペリー来航は決してファーストコンタクトではありませんでした。ペリー来航をきっかけに「開国」が急速に進んだということは、逆に言えばそれまで問題が先送りされていたことになります。

まず、北方領域における緊張の高まりです。17世紀、コサック兵を先頭に東進政策を積極的に進めシベリアを領土化してきたロシアですが、当時の強国清《しん》に行く手を阻まれ、1684年のネルチンスク条約でアムール川流域（おおよそ今の中国とロシアの国境、河口にウラジオストクがある）に近づけなくなりました。

ロシアは向きを東北に転じ、18世紀の前半、ベーリング海峡やアラスカ、アリューシャン列島を発見するとともに、カムチャッカ半島沿いに南下を始めました。ベーリング探検隊の一部は日本の房総半島にも来ています（1739年）。

18世紀後半になると、毛皮交易のため、イギリス、フランス、それに独立したばかりのアメリカが積極的に北太平洋海域へ進出、探検船や交易船が日本近海に出没しました。また、ロシアは日本に使節を派遣し、公式に日本との通商を求めるようになりました。1792年に大黒屋光太夫の護送を名目に根室に来航したラクスマンがその代表です。

それに対し幕府は、蝦夷地や南千島の探索や管理の強化を進めましたが、19世紀に入りロシアのプレッシャーがさらに高まる中、双方による船長の拿捕が重要な外交問題に発展しました。日本側で捕らえられたのが高田屋嘉兵衛です。

その頃になると、イギリス船やアメリカ船が浦賀にまで来航し、通商や薪水の提供を求めたりします。幕府は沿岸防備の指示を諸藩に出すとともに、たびたび異国船打払令を出しました。アヘン戦争（1840～1842年）の勃発と清の敗北により、列強の東アジア権益拡大に対する危機感が諸大名や知識人の間でも高まる中、オランダからは国王の開国勧告書が届けられたり（1844年）、ペリーの来航を予告されたりしました（1852年）。

ここまで長々と書いてきたのは、ペリー来航は決して「想定外」ではなかったと言うためです。幕府は日本近海を巡る情勢や欧米諸国の動向について、それなりに情報を把握していました。にもかかわらず体制整備や準備が不十分で、その後の開国を巡る議論が混迷を極めたあげく、最終的には幕府の崩壊、明治維新に至りました。この間わずか15年、鎖国の開始からの時間に比べるとあまりにも短く、それだけ圧力が蓄積されていたことを物語っています。

問題先送りの背景

「鎖国」、すなわち当初限定したルートのみの管理貿易体制に幕府が固執した理由としては、次の3点が挙げられます。

第一は、しばらくうまくいっていた体制や基本政策は、よほどのことがない限りそれを変えるモチベーションが働かないという一般論です。プロスペクト理論で言う、利得局面での危険回避行動です。個人ならともかく、組織全体として起きている場合には、一種のモラルハザードと言えます。

第二に、情報の不足です。鎖国政策のメリットとして、情報の管理独占による国内権力の維持があると書きましたが、結果的には、自らの情報収集能力を制約し、国外との情報の非対称性を作り上げることになりました。諸外国の接近についての情報が入ってきてはいましたが、断片的で、それらを確認したり総合的に判断したりするだけの材料が不足していました。また、1778年にロシア人シャバリンが厚岸に来航して通商を求めた時、相手をした松前藩が面倒を恐れて幕府に報告すらしないといった事態も発生しています。情報不足で不確実性が高い中での意思決定は、様子見のための先送りです。

また、幕府による情報公開が不十分なため、ペリー来航以前も以降も、海外情勢を巡る国内の意見は、過大評価や過小評価、思い込みや勝手な推測などをもとに発散し、コンセンサス作りが容易ではありませんでした。

第三は、ガバナンスの問題です。意思決定者にとって情報は常に不足しがちですが、それを補うのが先を読む力、洞察力、決断力です。鎖国政策を開始した時点では、家康以下、秀忠、家光の三代にわたる将軍がリーダーシップを発揮し、かつそれを支える優秀なスタッフ、例えば本多正純、金地院崇伝《こんちいんすうでん》、松平伊豆守《いずのかみ》などがいましたが、それ以降は、八代将軍吉宗など一部の例外を除いて、将軍の親政ではなく、幕閣による集団指導体制でした。

18世紀後半、田沼意次や松平定信など一応政策をリードする人物が出ましたが、北方への危機感から意次が取り組もうとした蝦夷地の開拓計画が、彼の失脚後定信によって中止されるなど、政策の継続性が担保されませんでした。定信はロシア大使ラクスマン来航の際（1792年）、徳川家の祖法（絶対遵守すべき憲法のようなもの）としての鎖国を持ち出すとともに、用があるなら長崎に行けという、その後の時間稼ぎ政策のモデルを作りました。また、19世紀前半、幕府が諸藩に命じたことは、異国船打払令→薪水食料の提供許可→異国船打払令復活と、目まぐるしく変わりました。

そもそも幕末に、薩長に対抗する軍事力として、旗本八万騎と言われた直臣が役に立たず、町民や農民による歩兵隊を中心にせざるを得なかったように、平和が続くと幕府そのものが完全に官僚機構化していました。川路聖謨《かわじとしあきら》や岩瀬忠震《ただなり》のように、個別には優秀な人材が出ても、組織としては前例踏襲、対症療法、様子見になりがちでした。

例外的に、幕府の中で強烈にリーダーシップを発揮したのが井伊直弼ですが、桜田門外の変で水戸浪士たちに斃《たお》されました。これにより、幕閣でリーダーシップを発揮する者はいなくなるとともに、幕府の権威がおおいに失墜しました。

先送りのつけ

鎖国は、良くも悪くも江戸時代を体現する基本政策です。始めた頃から大きく環境が変化しているにもかかわらず、長期にわたってその見直しが行われなかったことは、ペリー来航以降の政治体制の極端な動揺と多数の犠牲者をもたらしました。それだけでなく、準備不足のまま列強の脅威にいきなりさらされたことが、トラウマとなってその後の日本を軍備増強に邁進させ、東アジアでの覇権争いに駆り立てました。

また、貿易管理政策の問題であった鎖国の見直しを先延ばしにした結果、最後は、そもそも日本において外交権を行使するのが幕府でよいのかという、元のフビライハンの使者が国書を携えてやってきた時と同じ問題設定になってしまいました。これは、幕府にとって致命的でした。グローバル化の下では、内部で抱える大きな矛盾はいつか露呈する、最近の欧州債務問題を見ても実感します。

終　章

大事なものを守る

水戸黄門の脇の甘さはドラマだから許される

2011年12月19日、42年間続いたテレビドラマ「水戸黄門」シリーズがついに最終回を迎えました。黄門さま以外にも多くの時代劇を見て育った世代の一人として、最近のテレビの時代劇離れには、一抹どころでない寂しさを覚えます。

長寿番組「水戸黄門」は、一頃「家政婦のミタ」並みの視聴率30％台を誇っていました。人気の背景にあったのは、よく言われる偉大なマンネリ、すなわち安全、安心をお届けする番組だったからです。

しかし、安全、安心だけでは番組は成り立ちません。悪人に囲まれてご老公もあわやと思われる場面が必ずありました。そこで出てくるのが、例の葵のご紋の印籠です。格さんが懐から取り出して、「えーい、静まれ、静まれ、この方をどなたと心得る。先の天下の副将軍水戸光圀公なるぞー。頭が高い、控えおれー」との台詞は、多くの中高年の頭脳にすり込まれています。

しかし、熱烈な水戸黄門ファンでも、不自然なことが多いと感じたことが一度ならずあると思います。

そもそも、先の副将軍にお供が二人は少なすぎやしないか（風車の弥七やお銀は正式なお供ではありません）。代官の悪事は明白なのに、どうして「今しばらく様子を見てみましょう」と黄門さまは言うのだろうか、結果として被害者の数が増えているではないか。乱闘の時、黄門さまが杖で相手の刀を振り払っていることがあるが、杖の強度は大丈夫なのだろうか。印籠の信用度はどうやって担保されているのだろうか、相手が信じなかったら終わりではないか、等々です。

似たようなことは、映画の世界でもあります。お馴染み007ジェームズ・ボンドのシリーズです。相手の会社に貿易商を騙って調査に乗り込む時、わざわざジェームズ・ボンドと本名を名乗るのはどうしてなのだろうか。相手方がボンドを捕まえた時、ひと思いにボンドを殺せばいいものを、必ず手の込んだ手段を用いて苦しめようとし、あげくに脱出に成功したボンドにやられるのはなぜだろうか、といった具合です。

要は、黄門さまやボンド、彼らの敵役もリスク管理ができておらず、そのために無用な危険を招いているのです。それがドラマになるのです。

しかし、最後は必ず敵役が負けます。視聴者や観客はそれがわかっているからこそ、安心して、すなわち無用なストレスなくちょっとしたスリルを楽しむことができます。すべては、不確実性がない「想定内」の出来事です。

結局、リスク管理とは

テレビドラマや映画の世界とは異なり、最後に必ずめでたし、めでたしで終わることが約束されていないのが、現実の世界です。個人でも企業でも、ちょっとした気のゆるみや失敗から、命や会社の存続に関わる深刻な事態になりかねません。そこで、リスク管理が必要となります。

第1章で登場したEさんを思い出してください。駅に着いたら信号トラブルで電車が止まっていたので、他線の一番近い駅に向かいます。その時Eさんは、頭の中で、遅刻する確率や午前10時からの会議に出られなかった時の損失などを計算しました。こうした一連の行動がリスク管理です。

リスク管理の基本は同じで、非常にシンプルだと書きました。「リスクを認識し、対処する」

です。もう少し詳しく言うと、「リスクの認識」の中は、さらに(a)起こり得る事象（例えば遅刻）と、(b)起こる確率（例えば70％）と、(c)起きた時の影響（例えば新商品開発の遅延）に分解できます。

その後、このリスクにどうやって対処するか、というコントロールの問題が出てきます。一般的にリスクのコントロールには、リスクをとらない、減らす、損失をほかに転嫁する、放置する、と様々な対処法が考えられます。

Eさんの例では、リスクを減らすために他線に乗り換えるという結論でしたが、そもそも論としては、大事な会議の前日は、近所のビジネスホテルに泊まり、電車のトラブルを含め遅刻のリスクを回避するという考え方も成り立ち、現にそうしている人も沢山います。

もちろん、日常生活におけるリスクは、工学系分野で安全性を確認する場合と異なり、厳密な分解や判断が難しいことが多いですが、基本形はこれで考えるとして、次に問題になるのが、どこでリスクを認識するのか、どこまで認識すればよいのかという問題です。リスクを考え始めたらきりがありません。Eさんの例では、当日、会議でプレゼンする予定がありました。普段であれば、最初の駅でそのまま待つという意思決定をしたかもしれません。E

さんにとっては、自分が中心になってやっている商品開発プロジェクトが大事だからこそ、遅刻のリスクを減らすため、ほかの路線の駅に向かいました。

第7章の「『大事なものを守る』というインセンティブ」のところでも述べましたが、リスクそのものは無数にあるので、まず、「自分（会社、住民）にとって大切なものは何か、何を守るべきか」という最初の発想が必要であり、それがあれば自ずとリスクに対する「気づき」も増え、リスク管理の発想が出てきます。

リスク管理とは、すなわち、「大事なものを守る」ことです。

テレビのインタビュー番組の中で、大河ドラマ「平清盛」の鳥羽法皇役の三上博史さんが、それまでの話の流れで「バイクやスキーはやらないのですか」と問われ、「この仕事は体の商売です。けがしたら困るのでやりません」と答えていました。

リスクと不確実性と「想定外」の区別がなくなる？

本書は、リスクやリスク管理を主題としつつ、あわせて、不確実性や「想定外」についても取り上げました。その際、リスクは、比較的確率的な発想に馴染むと同時にコントロールの対象となり得るものとして、不確実性は、文字通り先が読めない中で、それでも何らかの意思決定や行動をする際の問題として、「想定外」は、認識、コントロールや意思決定などの対象外とされているものとして、取り上げました。そして、企業におけるリスク管理では、ガバナンスが重要であること、リスク管理に失敗しないためには、リスク管理に対するインセンティブ（誘因）が必要であることを述べました。

リスクと不確実性と「想定外」の三つに共通することは、いずれも将来、すなわちまだ確定していないことに関するものであるということです。当たり前のことですが、そう考えると、いくつかインプリケーションが出てきます。

第一に、将来のことについては、謙虚でなければなりません。科学が発達しても、残念ながら「将来を予測する」ということについて限界があることは、天候の予測を見てもわかります。物事を進める時、ここから先は「起こりにくい」「考えにくい」と線引きをし、結果として「想定外」の領域を作らざるを得ない時もあります。しかし、これが直ちに「起こらない」「考える必要がない」ことを意味するものではないことに注意する必要があります。

第二に、「気づき」を大切にしなければいけないということです。あらかじめすべてを考慮に入れたり、想定したりできない以上、「あれっ」「おやっ」といち早く思う感覚を大事にし、それを生かすことにより、その後の推移を良い方向に変えることができます。「ヒヤリ、ハット」の「気づき」バージョンです。最近、孤立死が社会的な問題として注目されていますが、いろいろなところでこの「気づき」を生かすことができればよかったと感じます。

第三に、「木を見ず森を見ること」、すなわち大局観や広い視野を持つことの重要性です。第5章で取り上げたフラクタル（自己相似）のように、一歩ひいて客観的に見たり考えたりすることで、不確実性が薄れることもあります。サブプライムローンを組み込んだ証券化商品も、延滞率が増殖的に高まり（相関が高まる）、分散効果が効かなくなる可能性を十分考慮すれば、リスクがもっと見えていたはずです。

将来を予測することはできませんが、「起こり得ること」を考えたり、これに対処したりすることで、将来を変えることはできるはずです。バタフライ効果をモチーフにした「ＪＩＮ―仁―」の主人公が考え、行動したように。第1章で、リスクのとりあえずの定義とした「将来起こるかもしれない良くないこと」であればなおさらです。

最後に、本書を書く動機の一つになった原発事故について取り上げないわけにはいきません。

人類は、様々な事実を観測し、データを集めて、確率理論も採り入れつつ、将来に関する不確実性を取り除いてきました。それは、第1章で書いたように人類の知恵です。

しかし、ナイトが言う「測定可能な不確実性」（リスク）と「測定不可能な不確実性」（真の不確実性）の境界については、金融危機のように、これまでの確率理論が適用できない事象が多く見られるに及んで、一方的に真に不確実な領域が小さくなっているわけではなく、両者が互いにせめぎ合っていることが確認できました。

さらに、東日本大震災や原発事故で、我々がこれまで「想定外」と思ってきたことの根拠が、実は極めて脆弱なものであることもわかりました。

結局、人類が誕生し科学が発達してからの歴史は極めて浅く、その中での経験は限られたものであること、そして何より、人類自身が、金融技術でも科学技術でも、新たに不確実なものを作り出していることが、いつまで経っても、なかなか安心を感じることのできない背景にあります。このように考えると、リスクと不確実性と「想定外」を区別して論じることの意味も問われます。

原発事故で避難してきた先のマンション建設に使われた生コン中の砕石が原因となり、室内で高い放射線量が測定される——健康への影響の程度はともかく、こういう事態があることを知った時、これをどう表現していいのかわかりませんでした。

「大事なものを守る」。そのために本書で言う「将来のことについて謙虚である」こと、「気づきを大切にする」こと、「木を見ず森を見る」こと、が役に立てばと思います。

参考文献（本文で言及した文献、経済学や統計学の一般的解説書を除く）

本文関係

『リスクの経済思想』（酒井泰弘著、ミネルヴァ書房）
『なにがケインズを復活させたのか？』（ロバート・スキデルスキー著、山岡洋一訳、日本経済新聞出版社）
『金融リスク管理の現場』（西口健二著、金融財政事情研究会）
『なぜ金融リスク管理はうまくいかないのか』（リカルド・レボネト著、茶野努・宮川修子訳、東洋経済新報社）
『予見された経済危機』（倉都康行著、日経ＢＰ社）
『確率的発想法』（小島寛之著、ＮＨＫブックス）
『失敗学のすすめ』（畑村洋太郎著、講談社）
『危険学のすすめ』（畑村洋太郎著、講談社）
『失敗は予測できる』（中尾政之著、光文社新書）
『「不正」は急に止まれない！』（中島茂著、日経プレミアシリーズ）

『組織行動の「まずい!!」学』(樋口晴彦著、祥伝社新書)
『企業のリスクマネジメント』(青井倫一・竹谷仁宏編著、慶應義塾大学出版会)
『ITリスクの考え方』(佐々木良一著、岩波新書)
『経営戦略の経済学』(淺羽茂著、日本評論社)
『企業経済学』(小田切宏之著、東洋経済新報社)
『行動意思決定論』(M・H・ベイザーマン、D・A・ムーア著、長瀬勝彦訳、白桃書房)
『行動経済学入門』(多田洋介著、日本経済新聞社)
『行動経済学』(依田高典著、中公新書)
『ミクロ経済学　戦略的アプローチ』(梶井厚志・松井彰彦著、日本評論社)
『戦略的思考の技術』(梶井厚志著、中公新書)
『たまたま』(レナード・ムロディナウ著、田中三彦訳、ダイヤモンド社)
『科学は大災害を予測できるか』(フロリン・ディアク著、村井章子訳、文藝春秋)
『禁断の市場』(ベノワ・B・マンデルブロ、リチャード・L・ハドソン著、高安秀樹監訳、雨宮絵理・高安美佐子・冨永義治・山崎和子訳、東洋経済新報社)
『なぜ経済予測は間違えるのか?』(デイヴィッド・オレル著、松浦俊輔訳、河出書房新社)
『歴史は「べき乗則」で動く』(マーク・ブキャナン著、水谷淳訳、ハヤカワ文庫ノンフィクション)
『「複雑系」とは何か』(吉永良正著、講談社現代新書)

歴史コラム関係

『信長と家康』（谷口克広著、学研新書）
『山本五十六』（半藤一利著、平凡社）
『ナポレオンの戦役』（ローラン・ジョフラン著、渡辺格訳、中央公論新社）
『アルマダの戦い』（マイケル・ルイス著、幸田礼雅訳、新評論）
『生存率5％の闘い』（戦略戦史研究会著、ブイツーソリューション）
『タイタニック号の最期』（ウォルター・ロード著、佐藤亮一訳、ちくま文庫）
『第一次世界大戦』（A・J・P・テイラー著、倉田稔訳、新評論）
『関ヶ原合戦』（笠谷和比古著、講談社学術文庫）
『石田三成』（小和田哲男著、PHP新書）
『幕末の海防戦略』（上白石実著、吉川弘文館）
『黒船前夜』（渡辺京二著、洋泉社）
『歴史群像』（各巻、学習研究社）

おわりに

本書のタイトルが、ナイトの『リスク、不確実性および利潤』をもじったものであることは、多くの読者がお気づきのことと思います。ナイトの著作とはあまりにもレベル感が違いすぎて、内心忸怩たるものがありますが、リスク、不確実性、「想定外」の三つのキーワードを並べたら、たまたま似ていたということでお許しください。

本文の執筆後も、リスクやリスク管理の問題に起因すると見られる事件や事故が次々に発生しました。いずれも「少し考えれば危ないことがわかったはずではないか」と思われるだけに、「滅多に起きないが影響は極めて大きい」災害に敏感になりすぎて、普通に起こり得る危険や失敗に対する「気づき」や「備え」がおろそかなままになっている、という問題意識は間違ってなさそうです。

執筆してみてわかったことは、あらためてリスクという概念が、あらゆる学問や分野に共通し、かつ奥が深いものであることです。その認識が足りなかった自分は、「執筆するという将来のことについて謙虚でなかった」と思います。とりあえず読者が興味をひかれた部分については、それぞれの専門書を読んでいただくとして、将来、「統合的アプローチによるリスクの入門書」が誰かの手で執筆されることを念頭に、そのさきがけになれたらと思います。

奥の深さということは、各学問・分野についてだけでなく、時間にそっても言えることです。そもそもリスクや不確実性は、将来の不確定なことを扱うものなので、議論としても無限の可能性を秘めたものですが、過去に遡って歴史を論じることについても、無限の可能性を感じました。歴史コラムの中で、その時点におけるリスクや不確実性という、今から見れば過去のことを扱う倒錯めいたことをやりました。その結果、カオス理論が言うように、ほんの少しのことで歴史は変わったということを実感しました。

子供の頃から歴史に興味がありましたが、今回の執筆にあたり、最近の文献を読むと、通説や定説と言われたものが随分覆っていることがわかりました。

今回は取り上げませんでしたが、かつて奇襲戦法の代表のように言われた桶狭間の戦いは、たしかに悪天候には助けられたけれど、信長の攻撃が実は正面攻撃に近いものであったと言われるようになっています。こうしたことは、新たな文書が発見され、通説の根拠とされていた文書の信憑性に疑問が生じたり、現場のフィールドワークにより新たな事実が確認されたり、といったことで起きます。

さらに言えば、本人たちの証言が得られない中での、現代に残されたごくわずかな物証で歴史を論じるわけですから、おそらく真実は永遠にわからない、そういう意味でも、歴史を辿ることは、将来にわたる不確実性を論じるのと同じではないかと思いました。

「愚者は経験に、賢者は歴史に学ぶ」という言葉があります。リスクに対処するために必要な「気づき」の力や将来に対する想像力をつけるためにも、歴史に関心を持つことはおおいに意味があると考えます。

最後に、リスクをコントロールする手段として、保険を取り上げる一方、デリバティブに触れていない理由について述べます。天候デリバティブのように保険商品的なもの（ただし、保険と違って実損の補塡ではない）もありますが、デリバティブ取引のうちかなりのものが、リスクヘッジの目的から離れてトレーディング化している現状、これを保険と同列に論じることにはためらいを感じました。デリバティブ取引やこれを組み込んだ「仕組み物」を手がける場合には、十分そのリスクを認識しておく必要があります。

本書を執筆するにあたっては、本文で言及したものや参考文献に掲げたものを中心に多くの書籍、文献を参考にしました。著者の方々に感謝申し上げます。

それから、本書の基礎となるリスクやリスク管理の考え方については、過去数年にわたって多くの先輩や同僚、知人から学び、インスピレーションを得ました。すべての方々にあらためてお礼申し上げます。代表して以下の方々のお名前を記させていただきます（アイウエオ順）。ただし、あり得る誤りを含め、本書の内容についてはすべて筆者の責任に属するものであることを明らかにしておきます。

荒井隆（日本銀行）、家田明（日本銀行）、池尾和人（慶応義塾大学）、臼井正樹（日本銀行）、薄葉真哉（みずほ証券）、倉都康行（RPテック）、小林慶一郎（一橋大学）、白石真澄（関西大学）、高田創（みずほ総合研究所）、西口健二（日本総合研究所）、森平爽一郎（早稲田大学）

また、現在の研究活動を支えていただいている独立行政法人経済産業研究所の中島厚志理事長、藤田昌久所長、森川正之副所長にも、この場を借りてお礼申し上げます。
日本経済新聞出版社の野澤靖宏氏には、本書の企画段階から大変お世話になり、有益な助言を多くいただきました。ありがとうございました。

２０１２年新緑の季節

植村修一

植村修一　うえむら・しゅういち

独立行政法人経済産業研究所上席研究員。1956年福岡県生まれ。東京大学法学部卒業後、日本銀行入行。調査統計局経済調査課長、大分支店長、金融機構局審議役などを経て退職。民間会社勤務の後、2012年より現職。主な著書に『リレーションシップバンキングと地域金融』（共編著）がある。

日経プレミアシリーズ｜160

リスク、不《ふ》確《かく》実《じつ》性《せい》、そして想《そう》定《てい》外《がい》

二〇一二年六月八日　一刷
二〇一二年七月五日　三刷

著者　植村修一
発行者　斎田久夫
発行所　日本経済新聞出版社
http://www.nikkeibook.com/
東京都千代田区大手町一―三―七　〒一〇〇―八〇六六
電話（〇三）三二七〇―〇二五一（代）

装幀　ベターデイズ
印刷・製本　凸版印刷株式会社

ISBN 978-4-532-26160-3　Printed in Japan

日経プレミアシリーズ075

残念な人の思考法

山崎将志

やる気も能力もあるのに、仕事がうまくいかないのはなぜ？――顧客を取り逃がす営業マン、上司に振り回されては見放される若手社員、行列しているのに儲からない飲食店など、日常で経験する「残念」な例をもとに、誰もが日々の仕事に取り入れられるプライオリティ思考法のエッセンスを紹介。

日経プレミアシリーズ078

人材の複雑方程式

守島基博

成果主義の時代こそフォロワー育成が必要、人的ネットワークが持つ経営上の価値に注目すべき――。様々な人事のジレンマに直面している日本企業。従来の強みを生かしつつ変わるためにはどのような発想が必要かを、人材マネジメントの第一人者が明快に解説する。

日経プレミアシリーズ086

人口負荷社会

小峰隆夫

人口に占める働く人の割合の低下が経済にマイナスに作用する、人口負荷社会が到来する日本。少子高齢化先進国として、その動向はアジア各国からも注目されている。人口オーナス（負荷）がもたらす難問をていねいに解説し、どのような処方箋が考えられるのかを、論理的に解説。

日経プレミアシリーズ092

2020年、日本が破綻する日

小黒一正

公的債務が膨らみ続ける日本……。財政は債務超過状態に陥り、破綻の危機が迫る。残された時間は少ない。どんな手を打つべきなのか。気鋭の研究者が、財政危機の現状を詳細に説明し、社会保障制度改革など再生のプランを具体的に提案する。

日経プレミアシリーズ108

外国人投資家が日本株を買う条件

菊地正俊

日本の株式市場で最大シェア（売買比率60%超）を占める外国人投資家。彼らは何を基準に日本株を売買し、何を待っているのか？最近の売買動向や注目業種・銘柄、日本の政治、経済、産業を見る視点などを分析し、一〇〇以上の外国人投資家の素顔を紹介。人気ストラテジストが日本株、そして日本経済復活の処方箋を提言する。

日経プレミアシリーズ116

仕事オンチな働き者

山崎将志

なぜピントのずれた努力を重ねてしまうのか。仕事オンチを脱却するためには、定数aの正しい理解が必要である――洗濯機のガタガタから学ぶヒットの法則、〝人気女優似〟に知るブランド力、話がつまらない人の残念な特徴など、ビジネスシーンその他で使える身近なヒントを紹介する。

日経プレミアシリーズ122

人事部は見ている。

楠木新

人事評価や異動は、実務ベースではどう決まっているのか――。一般社員がなかなか知ることのできない「会社人事のメカニズム」「人事部の本当の仕事」などを、大手企業で人事に携わった著者が、自身の経験と人事担当者への取材をもとに包み隠さず書き尽くす。

日経プレミアシリーズ126

ユーロ・リスク

白井さゆり

ギリシャ、スペイン、ポルトガル――欧州で財政危機に瀕する国が続出している。共通通貨ユーロの採用国の財政基盤は安定しているのか。リスクの高低に応じてユーロ圏を三つのグループに分け、主要国の現状を概観するコンパクトでわかりやすい現代欧州入門。

日経プレミアシリーズ138

弱い日本の強い円

佐々木融

為替相場は国力を反映する。日本の財政赤字拡大で円は売られる。人口が減る国の通貨を買う理由などない――もっともらしい解説にだまされてはいけない。大震災直後に円高が進んだのはなぜ？　大規模介入も効果がなかったのはどうして？　第一線の人気アナリストがわかりやすく説く相場変動の本当の理由。

日経プレミアシリーズ139

「上から目線」の構造

榎本博明

目上の人を平気で「できていない」と批判する若手社員、駅や飲食店で威張り散らす中高年から、「自分はこんなものではない」と根拠のない自信を持つ若者まで――なぜ「上から」が気になるのか。なぜ「上から」なのか。心理学的な見地から、そのメカニズムを徹底的に解剖する。

日経プレミアシリーズ141

日本破綻を防ぐ2つのプラン

小黒一正　小林慶一郎

日本に破綻の危機が迫る。いま何をすべきか。正攻法は社会保障と税を抜本的に見直し、世代間不公平の解消を通じて再生を図る「プランA」だ。しかし、政治が混迷を深めるいま、官民一体となった対外投資によって、改革までの時間を稼ぎ、ダメージを和らげる政策、「プランB」も必要だ――。気鋭の研究者が日本の再生と成長への方策を大胆に提言。

日経プレミアシリーズ150

お金の正しい守り方

大井幸子

次々と危機が訪れ、展望の開けない日本。リスクを嫌い、資産を海外へ逃避させる傾向が強まっている。本当に、それで安全なのか？滞米生活20年でみた「ファミリー・オフィス」の資産保全の考え方と技術を日本に応用、グローバルな視点で自らと家族を守る手段を紹介する。

日経プレミアシリーズ151

いま中国人は何を考えているのか

加藤嘉一

日本人が抱く中国人のイメージは、その実像と大きくかけ離れる。「なぜスタバにショートサイズがないのか」「反日デモをする本当の理由とは」……。日中をまたにかけ活躍する著者が、現地での実体験から、中国人の意外な国民性、ものの考え方を詳しく紹介する。

日経プレミアシリーズ157

「すみません」の国

榎本博明

実は迷惑なのに「遊びに来てください」と誘う、「それはいいですね」と言いつつ暗に拒否している、ホンネトークと銘打って本当のホンネは話さない……。なぜ日本人はこれほどわかりにくいのか？国際社会でも読み取りにくいとされる日本ならではのコミュニケーションの深層構造を心理学者が解剖する。

日経プレミアシリーズ158

中国人エリートは日本人をこう見る

中島　恵

なぜ日本が好きなのか。日本企業の何が素晴らしいと感じるのか。やっぱり不可解・不快な日本人の性格や行動とは何か――。日中両国に住む中国人の若手エリートおよそ100人が語る、本音ベースの日本論・日本人論。彼らの声に耳を傾ければ、私たちが意識しない「自分たちの姿」が見えてくる。